台灣的多元文化

洪　泉　湖 等著

國立政治大學中山人文社會
科學研究所法學博士
元智大學社會暨政策科學系教授

五南圖書出版公司 印行

編者序

　　數年前，本人和本系（台灣師大公民教育與活動領導學系）的同仁們曾經計畫撰寫一套叢書，以作為高中至大學階段學生在社會科學方面的參考讀物，我們把這套叢書暫時定名為《現代公民叢書》。不過，由於大家的教學和研究工作甚忙，下筆和脫稿的時間也不一致，終究很難將幾本書同時推出，也就無法成為「叢書」了！所幸五南圖書公司有項通識教育類書的出版計畫，於是我們這幾本書乃得以加入其中而陸續出版！

　　在我們的出版計畫中，由李琪明教授所撰寫的《倫理與生活》一書，已於前年（2003）出版，市面上風評甚佳。今年（2005）初將出版《台灣的多元文化》一書，暑假再出版《現代公民與社會》和《現代公民與法律》（書名均為暫訂）兩書，以饗讀者。我們希望用淺白流暢的筆調，活潑生動地介紹現代公民所需具備的人文社會科學知識，每冊的篇幅儘量限縮在十萬字左右，一來可以替讀者節省費用，二來也希望讀者能很輕鬆地讀完它！

　　《台灣的多元文化》這本書，是由多位作者通力合作寫成的，其主要內容及寫作分工如下：

　　第一章　多元文化主義——陳素秋

第一章簡單扼要地介紹了多元文化主義（multi-cultural-ism）的意義、發展與內涵，並對它做一番省思，且指明本書將以多元文化主義的觀點，來重新發現台灣的多元文化風貌。

第二章則以台灣的「四大族群」為主題，首先介紹這四大族群的現況，以及它們彼此間的互動關係，接著以較大的篇幅介紹這四大族群所代表的文化，點出無論哪一種文化，都有它豐富的內涵、優美的特色，值得彼此相互尊重與包容，甚至相互欣賞與學習。文末特別強調多元文化主義對待不同族群（尤其是弱勢族群）的基本原則或態度。

第三章以「性別」為主題，首先提出一些疑問，讓我們反省自古以來男女性別不平等的問題，並指出社會上既存的性別刻板印象。接著，則從過去的事實，指出台灣社會的性別不平等現象，充斥於家庭、校園、職場乃至整個公、私領域，也導出七〇年代以來的婦女運動。另一方面，本文也特別介紹同性戀、雙性戀議題，指出社會各界對同性戀、雙性

戀乃至「跨性別」者的誤解和恐懼，以致給這些人帶來極大的壓力，因此特別呼籲大家對於多元化的性別，應有嶄新的認知與行動，才能共創多元繽紛的新世界。

第四章以「宗教」為主題，分別介紹了台灣的佛教、道教、一貫道、天主教、基督教和所謂的「民間信仰」等宗教信仰，也見證了台灣宗教的多元化風貌。有別於一般宗教書籍，本書特別以淺顯的文詞，從起源與發展、主要神靈、經典與教義，以及它在台灣的發展等方面，介紹每一個宗教的梗概，使讀者易於理解。

第五章以「鄉土」為主題，從民俗信仰、傳統技藝、傳統建築、原住民族藝術和創新藝術等五個方面，各舉兩個案例，來說明台灣的鄉土之美。當然，台灣的鄉土文化，絕不僅只這些，但僅從這些案例，我們便可以發現：台灣雖小，但各地方的鄉土文化內涵還是頗為豐富多元的。對於這些文化資產，我們應當善加珍惜！

第六章以「母語及母語教學」為主題，除了略述過去「國語文政策」的偏差及其所造成的影響外，更從積極面來談談閩南語、客家語和原住民族語的趣味性，從這些「趣談」也可以體會各種母語背後不同的文化背景。最後，並語重心長地指出，未來的母語政策應從學校、家庭、社區一起來做，並提供各種學習誘因，形塑母語的環境，才能見到效果。

第七章則以「青少年次文化」為主題，除了陳述青少年次文化的特色，以及其形成因素外，特別從流行文化來介紹

青少年次文化的內涵，並指出社會大眾對青少年次文化應有尊重、接納的心態，相信這些內容最能貼近青少年讀者的心。

第八章結論部分，則再從族群、性別、宗教、鄉土、母語和青少年次文化等層面，說明台灣的確具有豐富的多元文化，我們應秉持多元文化主義的精神，對於各種不同的文化內涵，都給予肯定、尊重，甚至能相互欣賞、學習，才能共建一文明高尚的社會！

至於編撰群方面，也需略為介紹一下。本人是台灣師大公領系副教授，擔任「多元文化教育研究」、「現代公民與多元文化」等課程；張樹倫也是台灣師大公領系副教授，擔任「文化人類學」、「性別與文化」等課程；劉若蘭是長庚技術學院通識教育中心的講師；劉杏元是長庚技術學院護理系的講師；陳素秋畢業於台大社會所，並曾在美國芝加哥大學進修，目前在台灣師大公領系攻讀博士學位，並擔任學術性著作翻譯工作；陳世昌畢業於公領系博士班，目前任教於台北縣樹林高中，但正準備轉往大學院校任教；至於陳慧萍、陳昭宇、古慧貞、林曉玲、林素梅、陳宛秀、蔡宜倩、趙翊伶和唐秋霜等，則均為本系碩士生，其中若干人已畢業，目前正在國中擔任教師或在其他工作崗位上服務。他（她）們在寫作期中，曾利用我的「多元文化教育研究」課程，共同討論寫作大綱與內容重點。本書得以順利完成，要感謝他（她）們的通力合作！

近年來，國內大學院校數量倍增，各校也都設有通識教

育中心，廣開各種通識課程，可惜適合通識課程使用的教科書並不多，本書及本系同仁將出版的其他幾本書，在編撰時已特別考慮到這一需求，因此這些書應該都適合作為相關通識課程之指定教科書或參考書。

台灣師大公領系

洪泉湖　謹識

2005.2.3

目　錄

第一章

多元文化主義

就像在水桶裡射魚一樣，他想，這樣殺狗是卑鄙的；但在一個聞到黑人的氣味狗就咆哮的國家，這樣殺狗無疑是件快事。滿足，為所欲為，像一切復仇行為一樣。

「恨。他們就是恨我。最讓我吃驚的就是這恨……其餘的，是跟著來的。可是他們為什麼恨我？我從來沒有見過他們。」

他等著她說下去，她卻沒有。暫時沒有。「是歷史的仇恨，」他終於說。「歷史的錯誤。這樣想，或許會好過點。表面上是對妳的恨，實際上不是。它是傳自祖先的。」

——柯慈《屈辱》

上敘的描述與對話來自柯慈[1]的諾貝爾得獎小說《屈辱》（Disgrace）一書，書中鋪陳的背景為實施種族隔離後的南非。一名因師生戀而被迫離職的大學教授，來到鄉間與女兒居住，但女兒卻在之後遭到三名黑人男子的輪暴。敘述就在這一對父女如何看待這一事件、如何詮釋，以及如何映照反思自己的存在狀態中展開。柯慈用精簡卻準確的文字，以「在

---

[1]　柯慈（J. M. Coetzee），2003 年的諾貝爾文學獎得主。1940 年出生於南非開普敦；1956 年取得開普敦大學文學及數學學位；1965 年至美國奧斯汀德州大學攻讀語言學博士；1972 年返回南非，擔任開普敦大學文學及語言學教授；2001 年移居澳洲，2003 年開始在美國芝加哥大學擔任客座教授。

一個聞到黑人的氣味狗就咆哮的國家裡，這樣殺狗無疑是件快事」這類的比擬，將南非社會中，族群之間所醞積的深刻仇恨一語道破。這樣的仇恨是一股歷史中的暗流，所湧起的吞噬與傷害，無論是黑人或白人，無能倖免。

對於身處台灣的我們而言，這種白人與黑人之間的仇視主題，或許聽起來未免像是僅出現於電影、小說中的情節般，有著濃厚的異國氣息，作為讀者的我們，僅止於觀看，卻似乎顯得與己身經驗無關。然而，事實上這樣的衝突幾乎存在於各社會之間，儘管其衝突形貌或許多有不同。因為當我們進一步地來檢視此存在於南非社會中之深刻衝突的起因時，我們會發現，種族膚色的差異並無法適切地描述彼此間敵視的產生。除了樣貌上的不同外，雙方之間的差異還包括了不同的人際互動方式、不同的價值觀念、不同的生活型態、甚至是對生命的不同看待。這一切的不同可以用一個簡單的語彙來說，也就是，彼此之間存在著不同的文化模式。而當我們了解到，黑人與白人之間所存在的是一種文化差異所引發的衝突時，柯慈的小說所帶領我們看到的便不再只是一種發生於異國的種族仇恨[2]，而是引發我們去思考：**群體與群體之間因為不同的文化型態，而產生的誤解、壓迫與衝突是如何**

2　種族（race）一詞是國內許多媒體上仍常用的詞語，當我們以膚色進行區分時，我們會將黑人白人之間的衝突稱為種族衝突。但近年來，許多學者認為以膚色作為群體屬性的討論是一種較不尊重的方式，而是應該以該群體的血緣、語言、宗教等文化根源作為其特徵，也就是以族群（ethnic）一詞代替。因此在接下來的行文中，我們也將以「非裔美人」此族群類別，替代黑人一詞。

地發生於各個社會當中。當然，也包括台灣這塊土地。此項思考的關注點所扣合的正是自一九六〇年代以來所興起的一項重要思潮，也就是這本書想要與讀者一起探討的課題──多元文化主義。

一、多元文化主義的興起

多元文化主義（multiculturalism）的興起，一開始是緊扣著族群的議題而開展，然而，其所引發的後續思考卻不僅止於族群。刺激此思潮興起的一項重要背景為美國非裔美人所發起的民權運動（Civil Rights Movement）。美國作為一個以移民為主體的國家，「民族大熔爐」的神話曾掩蓋了其中所蘊涵種種實質不平等的真實面。雖然美國在一七七六年的〈獨立宣言〉中明白的寫著：「我們認為這些真理是不證自明的：人人生而平等，他們的造物主賦予了他們某些不可轉讓的權利。其中包括生命、自由和追求幸福的權利。」然而，宣言中的「人人」一詞的運用，顯然是以一全稱式的代稱隱藏了具高度排他性的界定。因為，非裔美人很快地就發現，那人人生而平等的真理，僅只適用於白人，甚至僅止於具有盎格魯薩克遜血統且信仰上為清教徒的白人，也就是所謂的WASP（White Anglo-Saxon Protestant）。

非裔美人為了爭取其平等權利，因而展開了漫長的奮鬥，就在一九五四年四月五日，美國最高法院作出了廢除公立學校中實行已久之種族隔離制度的判決。此一判決將民權

運動帶至高點，並且進一步刺激弱勢群體思考，長期以來身
處於美國這一塊土地上之各種不同文化背景的移民，他們自
己的文化是如何地在「熔爐論」這樣一種「同化」（assimi-
lation）取向的政策下被壓抑、被邊緣化。他們力圖反抗主流
文化力量強迫將他們「盎格魯薩克遜化」，拒絕認同白人所
崇奉的價值；並訴求爭取自己的文化不應被抹除其存在的空
間與價值。這樣的思考一旦開啟，陸陸續續引發各不同文化
群體試圖重新建構起自己在這一塊土地上生活的歷史與記憶
等相關論述，並爭取其文化的生存權，於是多元文化主義此
思考議題加入了愈來愈多面向的討論。世界各地區，特別是
在移民人口眾多的國家中，都對此一多元文化主義的主張作
出了重要的迴響。

　　此多元文化主義的思潮不僅只是一種學術上的論辯，由
於其所引起的廣泛注意，逐漸地，各國也在其政策制訂中明
白地以多元文化主義作為其政策取向。法裔與英裔人口比例
都相當高的加拿大[3]便在一九七一年通過了「在雙語架構之中
的多元文化政策」，但其中的「雙語架構」取向導致了非英
裔與非法裔族群對於國家產生一種普遍的疏離感，因此之後

---

[3]　加拿大是一個多民族的移民國家，目前有200多個來自世界各國的
　　民族。在全國3,000多萬人口中，除法裔和英裔居民外的其他族裔
　　的人口約占47%。加拿大華裔的人口已達100萬，華語已成為英語
　　和法語之後的加拿大第三大語言。近數十年來一直存在於加拿大的
　　一項多元文化主義重要議題為，法裔人口占絕大多數之魁北克省所
　　不斷產生的獨立聲浪，然而，經歷兩次的公民投票，獨立的主張都
　　以極些微的票數差距遭否決。

將以雙語為主導的政策架構修改，於一九八八年通過了「多元文化主義法案」，將多元文化主義明訂為立國的基本原則與理想。更在二〇〇三年宣布，將每年的六月二十七日明訂為加拿大多元文化節，並同時宣布一項多元文化發展計畫。根據該計畫，加政府將對原住民和其他少數族裔的文化活動給予資助，讓更多的少數族裔參與加拿大文化建設，並鼓勵新聞媒體多宣傳少數族裔民族之文化。

　　如上所述，多元文化主義的產生乃因應少數族群爭取捍衛其文化價值與生存空間而起，但這樣的思考觀點，很快地引起了其他文化群體的加入討論，於是多元文化主義的思考面向迅速地擴展到了性別與宗教等其他議題上。為什麼此思潮得以引起此多面向議題的延伸呢？這個問題的回答要回到起點來，也就是，我們必須進一步討論，究竟多文化主義的意義與內涵為何？

二、多元文化主義的內涵

　　多元文化主義一詞，顧名思義，有兩個重要的概念在其中，一為「多元」，另一即為「文化」。多元指的是尊重差異，讓各種不同的聲音、看法與價值觀得以展現。而文化一詞則意涵廣泛，包括抱持不同世界觀、操持不同的語言以及擁有不同生活風格等都代表著不同的文化。多元文化主義中的分析焦點是擁有特定文化的群體，而較不是其中的個人。這些不同的文化群體，因為其文化特性而在特定社會中擁有

著特定的社會身分與主體位置。因此,多元文化主義的內涵便在於理解各群體之不同的社會身分與主體位置,並且探討因此不同位置而產生的權力運作關係,進而希望透過行動得以改變此權力運作產生的壓迫結構,讓各文化的各種主體性得以真正的共存。

由上述界定來看,我們可以了解到文化多元主義有著三項重要的內涵:

1.破除「他者」的迷思,呈現多元的文化樣貌

多元文化主體既然強調多樣差異之生活風格及文化樣貌的共存,因此,為了讓不同的文化得以發聲(voicing),多元文化主義的討論與思考中,有一項非常重要的工作便在於,檢視在我們的社會生活當中,弱勢群體的文化是否被所謂的「正統」主流文化所壓抑。

檢視既存的社會現象,我們發現,主流文化對於弱勢群體文化的壓抑往往是透過對於常模與規範的認定而來,也就是說,在社會生活中,人們往往賦予特定文化正統的地位,使此一文化成為一種常模與規範。此常模與規範的界定,有著雙向的作用:一方面是指出特定生活方式為正確、並為追求之典範,另一方面更重要的則是,將其他不同的文化認定為一種偏差。因此所有不同於主流的文化,要不就是被以污名化的方式加以抑制(例如,同性的性慾取向被視為一種變態,或是原住民的樂天知命被沙文主義式的漢人文化稱之為懶散),要不就是被加以忽視,被當作一種不可見的存在

（例如，女性不同於男性的生活經驗，在人們建構社會生活的相關論述時一直被視而不見，而以男性經驗作為全體的代表）。

上述所謂常模與規範的界定，呼應的正是一種長期存在於西方思想史中的二元對立思考模式。此二元對立思考的表現是一種分類區界，區分出一者為優，另一則為劣，而後者的被提出，事實上正是為了要彰顯前者的優越性。出現於西方思想史中的此類二元對立概念模式包括：神聖／世俗、心靈／肉體、實在／表象、正常／不正常等。這意味著，前者的確立必須藉由找尋一個「他者」（otherness）作為其對比。就好像白人的高尚與優越，必須藉由將黑人定位為一種粗鄙的存在才得以確立一般。

因此，多元文化主義的首要內涵便在於，要破除「他者」的迷思，讓弱勢群體的文化不再被擅用為主流文化的他者，並進一步肯認各差異文化的價值。而當我們肯認了差異的價值之後，便能了解我們要尋求的是保存差異，而不是企圖泯除差異，達致同一。因為多元文化主義所讓我們意識到的便是，所謂的同一往往是以摒除不同的聲音作為代價。

2.追求積極的差異性對待，而非一視同仁的消極式平等

當我們破除了他者的迷思，並肯認了各差異文化的價值之後，我們還必須面對一項課題，亦即這些長期以來被視為他者的文化，在社會生活的運作中，乃是處於權力的邊緣位

置，也就是，承載此文化的群體往往長期以來便居於不利的處境。為了讓這些文化群體的文化得以被保存，光是肯認其存在，並給予其平等位置是不夠的，而是必須積極性地給予資源，使其不至於在優勢主流文化趨勢中，無法施展自己的權力，或爭取權益。而這正是多元文化主義對於以往的平等觀點所作出的重要反省與修正。

對此問題的討論，我們必須先區別兩個易被混淆的名詞：多元文化主義與多元主義（pluralism）。大多數的人都會同意，我們應讓社會中不同群體的聲音有存在的權利，或說，不同的群體應享有相同平等的權利等主張。而許多人相信，這便是多元社會的展現。這樣的主張其實是一種較為接近多元主義式的觀點。這樣的主張中所存在的問題在於，依據此原則的實際運行結果為，少數群體的聲音並無法真正被聽見。以投票為例，如果我們主張人人平等，一人一票，那麼同志群體的意見將永遠無法有其實質影響力。此外，另一項重要的問題則是，當弱勢文化群體長期以來遭到污名時，為了解除其污名，我們必須採取更積極的行動，才能使其文化真正擺脫過去的污名負擔，並受到尊重與肯認。而這些都是以一視同仁為原則之多元主義式平等觀點所忽略的問題。

多元文化主義因此提出一種積極的差異性對待，也就是，對於弱勢文化群體應給予更多的資源，才能夠達到真正的平等。例如，當父權文化長期將女性界定為易於感情用事，且缺乏理性思考，因而造成主流文化質疑女性從政能力時，婦女保障名額便有其必要；而在漢人文化的優勢霸權下，受

到排擠而鮮少被使用的原住民語言也需要積極的政策加以保存，才不至於消逝於漢人文化為主導的歷史當中。這些積極的政策介入，所形成的差異性對待，正是多元文化主義對平等觀念作出反省進而所訴求的重要內涵。

3.強調行動的積極開展

　　無論是彰顯多元，或是追求差異性對待的實質平等，都不可能僅在論述的層次上獲得實踐，當我們辨認出，我們的社會中存在著對於弱勢文化群體的壓迫，以及群體成員之主體性展現受到壓抑時，特定的改革行動必須被進行，以破除或緩解壓迫結構。當缺乏實際的行動時，所謂的多元文化主義僅能淪為一種軟弱無力的論述，因此，強調行動的積極開展是多元文化主義的另一項重要內涵。我們必須持續地檢視在現行的政策與權力運作中，有著什麼樣的壓迫性結構？以及尋求什麼樣的具體政策得以體現積極性的差異對待，讓弱勢文化群體真能得到真正的平等對待，這些具體的行動必須不斷地開展。

　　這種對於實際政策與行動的關注是多元文化主義的重要特色，在以下各主題的討論進行中，希望讀者能謹記這一點。在接下來每一主題的討論中，我們都將提出實際政策與實踐上的討論，我們也鼓勵讀者思索出自己對於實際行動如何開展的可能答案。

三、多元文化主義所帶來的多面向課題省思

如前所述，多元文化主義要追求的目標為，各不同文化背景的主體不至於受到主流文化的壓抑，並達成社會的多元發展。這樣的目標含括了多面向的課題思考，因此在本書接下來的章節當中，我們將進一步地詳細討論目前台灣社會所面對的各項重要多元文化課題，這些課題包括了：

在第二章裡我們將首先針對族群議題提出分析，隨著台灣民主化的發展，台灣社會中的族群關係也成為政治議題的焦點，究竟在我們的社會中是否提供了族群平等發展的機會，而各族群之間又是否相處融洽呢？我們將從分析台灣四大族群，也就是外省、閩南、客家、原住民等族群之間的關係著手，並回顧過去以來所發生於台灣社會的各種族群衝突。而為了尋求族群衝突的化解，我們也分別介紹了各族群的文化內涵，希望讓讀者對各族群文化能有所了解。最後，我們則討論如何讓各大族群之間能確實各有其平等的文化發展空間，以及如何改善特定族群的相對弱勢處境，因為惟有如此，我們才得以使各族群的文化之美成為台灣社會的資產而非成為衝突的來源。

在深受父權思想影響的台灣社會中所存在的性別不平等現象，以及其中婦女所遭受的壓抑，甚至包括不同性取向者所受到的歧視也是我們討論的焦點，因此第三章我們便針對性別議題提出討論，在不同性別的文化群體間最容易導致壓

抑產生的第一項因素莫過於性別的刻板印象，因此我們將由檢視目前存在於台灣社會的各種性別刻板印象出發，並以實際的統計數字來了解男女之間的不平等現況究竟有多麼嚴重，此外，我們也對於近年來逐漸在台灣社會受矚目的多元性別氣質與性傾向相關問題提出討論，希望藉由這些討論能夠拓寬讀者們的「性別視界」。

　　另外，各宗教團體在台灣的發展，也是台灣社會多元文化表現的重要一環。不同於西方社會所曾歷經之令人震撼的各種宗教迫害，台灣社會中向來未曾發生嚴重的宗教衝突，但儘管如此，不同的宗教信仰在台灣所經歷的發展過程與所能獲得的資源及所發揮的影響力仍各有不同。由於宗教是各個社會中的一項重要文化表現，因此在第四章裡我們介紹了目前台灣社會中具相當影響力的六大宗教文化，它們分別是佛教、道教、民間信仰、一貫道、天主教與基督教，希望透過認識這些宗教文化，讓讀者體會宗教多元與寬容的重要。

　　過去由於執政黨在意識型態上的刻意操作，強調以中華文化為單一旗幟，因此在這樣的歷史脈絡下，鄉土文化也就飽受壓抑。但這種對於鄉土文化的忽視隨著近年來本土意識的高漲已有了大幅的轉變。鄉土文化的復振有助於繽紛台灣社會的文化內涵，因此我們在第五章裡針對鄉土文化中的民俗活動、傳統技藝、傳統建築、原住民藝術與創新藝術等五大項分別加以介紹，希望在現今文化全球化的趨勢中，讓讀者了解到，儘管在全球文化走向日趨具同質性的同時，地方性的差異文化仍有其表現的空間，並且可以對全球文化作出

實質的貢獻，因此在本土化與全球化接軌以創造多元文化社會的目標上，我們還有著許多努力的空間。

語言是文化保存與文化發展的重要面向，事實上從檢閱歷史中我們可以得知，文化的式微往往與語言的減少使用有著密切的關係，因此，要談多元文化的實現，便不能不談語言文化與其相關政策。呼應於世界語言學者所關注的全球語言逐漸減少、消失的現象，我們也在第六章裡討論到，在過去的「國語」政策影響下，台灣社會中所存在的「母語危機」之現象（也就是，有愈來愈多的下一代不會講母親們說的話），並進一步檢視近年來因應多元文化主義人士所推動之復振母語的各項政策。而對於台灣所存在之各項語言文化的簡要介紹，則希望喚醒大家關注到不同語言中的不同微妙精細之處，因為語言的傳承惟有在日常生活對話中的不斷實行才得以落實，因此欣賞母語、使用母語才能讓語言繼續成為我們的重要文化資產。

最後，我們將在第七章裡談到目前受到社會學者們所矚目討論的青少年文化。由於青少年處在「亟於表現自己的獨立，卻又不受肯認為成熟自主個體」的緊張之中，因此青少年充滿創意的表現常常被成人世界的主流文化視為只是一種微不足道的現象，或是不被認同的偏差行為，而這樣的回應卻又往往促使青少年採取更加疏離的態度。但事實上，青少年的特有生活方式也是台灣多元文化中的一環，值得我們關注、欣賞並予以發展的空間。

當我們透過多元文化主義對上述課題作出觀察時，我們

不能忘記，抱持著維護差異、尊重多元而出發，並不表示問題的最終答案已然出現，我們所掌握的毋寧說只是一種應被秉持的基本態度與政策方針。然而，如同前面所說，多元文化主義精神的真正展現必須寄託於行動之中，而就行動層面而言，我們發現，在實際實踐的政策上，無論是在台灣，或是世界上的其他國家，都持續有著許多的爭議產生，例如，台灣的官方語言政策，或是美國的同志婚姻法案等都是引起極大爭議的顯著實例。甚至這些爭議焦點也正是台灣社會、甚至於世界上許多地區中衝突的脈絡背景。然而，衝突的發生並不意味著，我們在追求多元文化主義上應有所卻步，相反地，理解這些爭議，正是面對爭議以實現多元文化社會的第一步。

參考書目

仙德沃爾（Centerwall, Eric）（2002）。複數的性：從多元文化角度探索性。何亞晴　譯。台北：女書文化。

金恩（King, Martin Luther, Jr.）（2001）。我有一個夢：繁花盛開的革命——馬丁路德·金恩演說。唐諾　翻譯、說明。台北：臉譜。

柯慈（Coetzee, J. M.）（2000）。屈辱。孟祥森　譯。台北：天下遠見。

薩依德（Said, Edward W.）（2000）。鄉關何處：薩依德回憶錄。彭淮棟　譯。台北：立緒。

譚光鼎等編著（2001）。多元文化教育。台北：空中大學。

第二章

族群與多元文化

我們都是一家人

我的家鄉在那魯灣，你的家鄉在那魯灣，從前時候是一家人，現在還是一家人，手牽著手，肩並著肩，輕輕的唱著我們的歌聲，團結起來，相親相愛，因為我們都是一家人，現在還是一家人。

我的家鄉在那魯灣，你的家鄉在那魯灣，從前時候是一家人，現在還是一家人，手牽著手，肩並著肩，輕輕的唱著我們的歌聲，團結起來，相親相愛，因為我們都是一家人，現在還是一家人。

手牽著手，肩並著肩，輕輕的唱著我們的歌聲，團結起來，相親相愛，因為我們都是一家人，現在還是一家人。

——原住民歌謠

一、我國的族群

1. 種族、民族與族群

在介紹我國的族群之前，首先要了解族群的意義，以及和族群相關的幾個名詞。

首先談「種族」（race）。《韋氏大辭典》把種族定義為：「一群大概源於同一祖先，並具有共同的特徵、興趣、外貌或習慣的人。」所以種族強調的是血緣關係，是生理的特徵，是一種以體型、膚色為分類標準的群體，例如亞洲的

蒙古利亞（Mongolia）種、歐洲的那狄克（Nordic）種等等。我們通常所說的黃種人、白種人、黑種人等，也是種族的分類方式。

其次談「民族」（nation）。英國學者巴克（E. Barker）認為民族是「各種不相同的種族，具有共同之思想與情感者，居處於某土地之上。其思想與情感乃自一共同歷史過程中獲得而來、傳導而來。」[1] 美國學者柯勒曼（James S. Coleman）則把民族定義為：「一大群人民（people），他們認為已形成一個單獨而排他性的社會，而終將成為一個獨立的國家。」[2] 柯勒曼認為，民族這種團體有三個主要標準，一是規模宏大，二是團體內存有一種情操和信心，三是它有獨立建國的使命感。

美國學者史密斯（A. D. Smith）認為，民族至少包含了七項特色：(1)有相當規模的人口；(2)所屬地區的人口流動頻繁；(3)有緊密的經濟關係；(4)有共同的公民權利；(5)有共同的民族情感；(6)有共同的識別特徵（如語言、服飾、宗教、風俗習慣等）；(7)有共同的對外關係。[3] 國父孫中山先生則簡單明瞭地把民族的構成要素歸納為血統、生活、語言、宗教、風俗習慣，以及民族意識等。凡是具有這些特色或要素的群

---

[1]　王世寬譯（E. Barker 著）（1976）。民族性。台北：台灣商務，頁26～27。

[2]　J. S. Coleman (1963). *Nigeria: Background to Nationalism.* Berkeley: Univ. of California Press. Appendix.

[3]　A. D. Smith (1971). *Theories of Nationalism.* N.Y.: Harper & Row. Publishers, pp.12-14.

體,就可以稱為一個民族。

由此觀之,可見種族是強調血緣的團體,而民族則是強調文化面與心理面的群體。不同的種族可以因擁有共同的歷史文化內涵與共同的意識情感,而形成一個民族,美利堅民族就是一個很好的例子。反過來說,一個種族也可能形成若干民族,例如歐陸的那狄克種即分別與其他種族混合而形成法蘭西、德意志、英吉利等民族。

至於族群(ethnic group or ethnic community),其意義更為複雜。就美國而言,族群是指移民群體,例如移民至美國的墨西哥人、古巴人、日本人、中國人等,這是比較狹義的用法。最常見的用法,是把族群當作民族或少數民族看待。而最廣義的用法,則把不同性別、不同宗教、不同階層、不同年齡層等等的群體,也稱做不同的族群,所以就有「婦女族群」、「勞工族群」、「青少年族群」等稱呼。這種意義下的族群,似乎是指具有共同的理念、利害關係、社會地位或興趣癖好的一個群體而言。

2. 我國的「四大族群」

那麼,我國究竟有多少族群?當然,本章所謂的「族群」,原則上採用比較廣義的用法。我們常聽人家說,台灣有四大族群,即閩南人、客家人、外省籍人士和原住民族。不過,這種說法在人類學上是有問題的,因為閩、客同屬漢人,外省籍之中雖以漢人居多,但也包括了滿、蒙、回、藏、苗、彝(羅羅)、布依(擺夷)等族。因此,也有原住民朋

友調侃地說，台灣只有兩大族群，一是「原住民族」，另一是「非原住民族」。不過所謂閩、客、外省與原住民「四大族群」之說，在台灣似乎也已「約定成俗」了。

閩南人究竟於何時開始移民至台灣？歷史文獻上有不同的說法，不過比較大量的、有計畫的移民，應始自明末（約1620～1630年左右），故至今約有四百年的歷史。由於當初為首者顏思齊是福建漳州人，鄭芝龍是福建泉州人，因此當時移民也以漳泉一帶居民為多，故稱為「閩南人」。

客家人移民台灣更早，大約在宋末元初即已開始，故在明鄭以前，台灣的漢人移民以客家人居多，但明鄭以後，閩南人開始大量移居台灣，便取代客家移民而成為多數族群。尤其施琅（閩籍）攻占台灣後，向清廷建議頒布「渡台禁令」，明定「粵省是海盜窩巢，禁止粵人渡台」，更使客家移民銳減，等到一百年後禁令解除，客家人再度來台時，已無法與閩南人競爭了。

而所謂「外省族群」，又稱「新住民」，主要是指台灣光復後至大陸淪陷前後移居台灣的大陸各省居民而言。這些人當中大部分與閩南人、客家人一樣，都屬於漢人，但也有小部分是滿、蒙、回、藏、苗各民族，所以成分比較複雜，本難成為一個族群，但因為他們有共同的歷史命運和奮鬥目標，在台灣又處於特殊的社會地位，因此仍被統稱為「外省人」。

至於「原住民族」，則是指長期以來即居住於台灣的住民而言。根據歷史的考察，目前台灣的原住民大約在一千五

百年至三千年前，即分別從中國大陸東南沿海山地或南洋群島、大洋洲各地先後移居台灣。在早期，他們是台灣真正的主人，可是隨著漢人勢力的前來，他們不但逐漸失去了土地，失去了經濟自主能力，甚至也逐漸被同化，而淪為附庸地位。

　　學術界曾以其漢化的程度，把這些原住民區分為「平埔族」和「高山族」，平埔族即指已被完全漢化的各族，高山各族雖然仍能保存其文化獨特性，但被漢化的危機仍然很嚴重。另外，政府為了行政上的方便，又把原住民族區分為「平地原住民」和「山地原住民」，其實這都是不合理的分法。如果按照人類學的分法，則原住民族應包括泰雅、賽夏、阿美、卑南（又稱彪馬或普悠瑪）、布農、鄒（以前稱為曹）、邵、魯凱、排灣、雅美（又稱達悟）、噶瑪蘭和太魯閣（又稱德魯固）族等，至於平埔族中的西拉雅族等，也正在努力爭取政府的正式承認。

　　台灣四大族群人口各有多少呢？根據學者的統計推估，目前閩南人大約有 1,650 萬人左右，占全台總人口的 73%；客家人約有 270 多萬人，占 12%；外省新住民大約有 294 萬人，占 13%；原住民族共 45 萬人左右，占 2%左右。[4]

　　除了四大族群，台灣其實也正在形成新的族群，例如所謂的「外籍新娘」及其子女等，這些族群的產生，將帶給台灣什麼樣的變化，值得加以觀察。

---

[4] 黃宣範（1993）。語言、社會與族群意識。台北：文鶴，頁 21。另根據內政部統計，截至 2004 年 8 月為止，台灣地區的人口總數有減少之現象，目前僅約有 2,260 餘萬人。

二、我國的族群關係

　　就我國當前的所謂「四大族群」而言,彼此的關係如何?這可從本省人和外省人間的「省籍情結」、閩南人和客家人間的「閩客意識」,和漢原之間的「漢原之爭」三方面來加以說明。

1.省籍情結

　　所謂「省籍情結」,是指存在於本省人(包括閩、客)和外省人之間的一種心結。大體上來說,外省人大多認為台灣是中國的一部分,台灣人是中國人的一支,台灣文化是中華文化的組成分子,基於國家統一和民族認同的理由,在台灣的人民自然應該說國語、用中文書寫、研究中華文化。在他們看來,主張台灣不是中國的一部分、台灣文化不同於中華文化者,是背叛祖宗的;但就本省人來說,他們認為以往外省人以少數人口卻統治多數,顯有壟斷政權之嫌,「二二八事件」的發生,更使本省人對外省人產生怨懟,加上長期以來國語文政策的偏頗、用人政策的欠當,在在都形成本省人的不滿。在他們看來,生在台灣、長在台灣的外省人不認同台灣,才是咄咄怪事,台灣固然曾是中國的一部分,但目前中國已為中共所擁有,故無法予以認同。

　　本省人和外省人之間為什麼會產生省籍情結?事實上,從台灣的歷史脈絡中就可以尋找到它的根源。在中國歷史上,

台灣一向是處於邊陲甚至「外化」的地位，清朝以前的歷代王朝，並不太把它視為中國固有領土的一部分，至少不是重要的部分。明末清初鄭成功據台，也只是將它當作「反清復明」的根據地。迨台灣入了清朝的版圖（清康熙 22 年，西元 1683 年），清廷仍然沒有積極開發台灣的意圖，甚至將之視為化外之地而歧視之，所以有禁止移民之舉。中日甲午戰爭（1894）一役，清廷戰敗，乃將台灣割讓給日本，讓台灣人受到五十年的殖民統治之苦。凡此種種，都是使台灣逐漸產生「台灣意識」的歷史背景。

　　不過，真正誘發省籍情結的，恐怕當推下列三項因素：一是台灣割日後所造成的差異，日本統治台灣五十年，一方面從事近代化的公共建設，另一方面推行教育文化，使得台灣的社會經濟較大陸發展為快，人民的知識水準也相對較高，甚至許多人對日本產生文化上乃至政治上的認同。二是二二八事件所造成的傷痕，民國三十六年二月二十八日起所發生的「二二八事件」，雖然是起因於對政府施政的不滿，但由於政府的反應過度，竟造成民眾的暴力及政府的鎮壓，甚至導致本省人對外省人的仇恨。三是文化教育的影響，台灣人受日本殖民統治，尤其在「皇民化運動」的要求下，大部分的台灣人都學會了講日語、唱日本歌，甚至有許人還認同於日本，這對抗戰八年的中國人來說，簡直是難以容忍的事；而台灣光復後的國語文政策，因禁止學生講台語，又造成台灣人的挫折。凡此種種，都是造成省籍情結的重要因素。

　　省籍情結在台灣的社會上和政治上，一直是潛存的危

機。從民國四○年代到六○年代，外省菁英掌握著黨政大權，形成「以少數的外省人統治多數的台灣人」的現象，台灣人在政治上既難得勢，惟有從事經濟活動，以求發展。在社會上，外省菁英中的確有不少人看不起本省人，而本省人當中也有很多人看不起外省軍民。

民國六十年，我國退出聯合國，次年台日斷交，隨後又遭遇全球性的石油危機，國家面臨空前危機，台灣民眾為了自救，乃開始提倡本土意識，企圖以台灣意識來凝聚國人向心，並有與中國大陸進行區隔之意，於是本土性的民主運動也隨之而起，大唱「台灣人出頭天」。

蔣經國先生鑒於中華民國政府要重返大陸執政已無可能，惟有植基於台灣才是正途，乃開始推動本土化政策，啟用大量的台籍青年，加強台灣的公共建設，使台灣的經濟快速發展，成為「亞洲四小龍」之一。李登輝先生當選總統後，捧著「第一個台灣人總統」的光環，更是大力推展本土化政策，不過由於他的本土意識太強烈，所作所為自然引起外省族群的疑慮。

民國八十九年，號稱「台灣之子」的陳水扁先生，以反對黨民進黨候選人的身分，當選總統，形成另一波省籍情結的對立。由於民進黨長期以來主張台灣獨立，批評國民黨政權為「外來政權」，甚至否認中華民國的合法性，因此當然無法為「捍衛中華民國」的人士所接受。在主張台獨者之中，以台籍人士為多，而外省籍人士則大多主張維護中華民國，反對台灣獨立，甚至贊成在未來謀求兩岸的統一。這樣，省

籍情結又跟統獨爭議糾結在一起，要尋求化解之道似乎更難了！

2.閩客意識

　　客家人與閩南人一樣，同屬漢人在台灣的方言群，客家人雖然也是「台灣人」或「本省人」，但客家有其獨特的客家語言，他們的歌謠、民俗、信仰等也與閩南人不同，加上在台灣墾殖的早期，與閩南人相處得並不是很愉快，所以客家人自有其族群意識。不過，由於他們的人口較少，在政治經濟地位上又處於弱勢，所以變成一個「隱形的族群」。當台灣社會民主化以後，客家人雖與閩南人同列為出頭天的台灣人，但事實上，客家的政經地位並未提升，客家語言文化的保存也未受到足夠的重視。當年客家人曾與閩南人並肩在一起，以本省人的身分向外省人爭取政治資源，結果在台灣日趨本土化和多元化以後，閩南人逐漸取代外省人而掌控政經大權，但客家人能躋身權力核心的，卻為數不多；政壇開始流行的「台灣話」，事實上只是閩南話。這使得客家人在心理上感到相當失落，自認為自己變成了「主流中的非主流」。

　　在台灣新興社會運動蜂起之時，客家人有感於提倡客家意識的機會來臨，乃於民國七十六年創辦「客家風雲」雜誌，提倡「重建客家人尊嚴」。次年，該雜誌以反對獨尊國語、提倡客家母語作為訴求，並鼓吹客家人投身政治，以改變弱勢之現狀，接著「客家權益促進會」成立，並於是年底發動

「還我母語運動」，但由於理念上的粗糙，整合的困難，最
後的效果並不顯著。

　　隨後，「客家風雲」雜誌改組為「客家」雜誌，風格轉
為對客家傳統文化的探討。而「客家公共事務協會」則以母
語解放、文化重生、民主參與和奉獻本土為宗旨，繼續探討
客家文化、推動本土活動。

　　陳水扁總統就任後，成立了「行政院客家委員會」，並
開播客家廣播電台與電視台，總算表示政府對客家事務、客
家文化傳承的重視。但長久以來客家人對閩南人當權者的不
滿，恐怕也不是短時間內可以完全解決的。

3. 漢原之爭

　　至於漢人和原住民族之間，也早有衝突。例如台灣光復
後，政府即對原住民族（當時稱他們為「山地同胞」）展開
所謂「三大運動」[5]，事實上就是一種強迫同化政策，當然會
引起原住民的不滿。又如後來的「山地保留地」政策（目前
改稱為「原住民保留地」），不但僅提供少量的保留地給原
住民，而且這些保留地也很容易被漢人侵奪。尤其是長期以
來漢人對原住民的歧視，更是漢原衝突的根本原因。所以，
原住民所訴求的，不但要求「還我土地」、「還我家園」，
同時也要求「正名」、「反歧視」。

5　所謂「三大運動」，是指「山地人生活改進運動」、「實施定耕農
　　業」、「獎勵育苗造林」等政策措施，這些措施所要達到的目的是
　　「山地平地化」。

　　在過去的威權體制時代，台灣原住民雖然長期以來受到漢族的侵奪與宰制，卻不敢公然起而反抗。一直要到民國七○年代台灣民間社會的力量興起，各種新興社會運動走上街頭以後，原住民的族群意識才逐漸覺醒。

　　從民國七十二年起，原住民青年從發行刊物、組織「原住民族權利促進會」，到發動各種抗爭運動，也相當程度地撼動了台灣社會，例如正名運動、反吳鳳神話運動、還我土地運動、反國家公園運動、反核廢料運動、拯救雛妓運動等等。

　　民國八十五年，政府終於設置了「行政院原住民族委員會」，並在省（市）、縣（市）地方政府中設立原住民事務專責單位，大力推動有關原住民社會、經濟、文化、教育的各項政策，以提升原住民之權益，改善漢原關係。

　　展望未來，漢原關係應是樂觀的，這不僅因原住民已敢於爭取自己的地位與權益，也不僅是政府已大幅調整了原住民政策，更重要的是漢人也已開始反省過去漢原關係之不當，而願意去加以調整改善。畢竟，台灣已是一個多元的、民主的社會，政府和人民已漸漸懂得用溫和理性的態度，秉持著多元文化主義的精神，對弱勢族群的文化加以尊重、包容、欣賞甚至學習。

　　由上所述，可見在台灣的歷史上，各族群之間多多少少都呈現著一種緊張的關係，雖然還不至有族群衝突或戰爭，但彼此之間的矛盾卻也使台灣產生內耗，殊為可憾！

三、我國四大族群的文化

　　台灣雖然面積不大，但數百年來由於特殊時空的交錯，卻發展成為人文薈萃之地。在台灣，閩南人（福佬人）雖然是漢人的一支，四百年前從大陸渡海來台後，傳承的也是漢族的文化，不過經過四百年的變遷，也發展出不少獨特的文化內涵。例如，在語言方面，台灣的閩南人雖操閩南語，但由於歷史、社會的變遷和移民的互動等因素，台灣的閩南語也發展出許多的新詞語。以外來語而言，襯衫叫「she-zu」（shirt），摩托車叫「o-dou-bai」（autobicycle），鐵鉗叫「pen-gi」，司機叫「wun-jan」，生魚片叫「sa-si-mi」，芥茉叫「wa-sa-bi」……等，都是受到日語的影響而產生的。以歇後語而言，「外省人吃柑子」是ㄙㄨㄢ（溜）的意思，「外省仔麵」是ㄇㄧㄢˋ（免，不用）的意思，「外省人搬戲」是ㄗㄨㄛˋㄒㄧˋ（做死，做得累死了）的意思，這是跟外省人生活互動所衍生出來的。

　　閩南人的民俗，大體上以承襲中國大陸者為多，但也有很多不同的特色。例如由於台灣海峽氣候變化較大，往來大陸與台灣的船隻容易受到風雨的侵襲，因此台灣海峽有「黑水溝」之稱，往來兩岸的商賈移民乃特別信仰媽祖，媽祖遶境的民俗信仰儀式至今仍為台灣一大盛事。再者，台灣早期醫藥較不發達之際，疾病癘疫對人們的生命威脅頗大，因而發展出燒王船、鹽水蜂炮、中元普渡等民俗。

在歌謠方面，近數十年來閩南語歌謠的發展，也顯得相當蓬勃。例如一九三〇年代的《雨夜花》、《望春風》，一九四〇年代的《望你早歸》、《補破網》、《燒肉粽》，一九五〇年代的《阮若打開心內的門窗》，一九八〇年代的《愛拚才會贏》，一九九〇年代的《向行前》……等等，均能傳頌一時。

在客家文化方面，也有同樣的情形。台灣客家民俗也大體上傳承自大陸，像三山國王信仰、昌黎伯祭、惜字亭等，都是源自大陸的民俗，但義民爺信仰，則是本地所發展出來的，主要是供奉清朝朱一貴、林爽文之亂時，為保境安民而協助清廷平亂卻在戰亂中被殺身亡的「義民」，寓有「褒忠」之意。

至於在客家文學上，則是台灣客家人在文學上的特殊成就。例如吳濁流的《亞細亞的孤兒》、《無花果》和《台灣連翹》等作品，凸顯出台灣意識和反抗日本統治的客家硬頸精神。鍾理和的《笠山農場》、《老樵夫》，鍾肇政的《濁流三部曲》和李喬的《寒夜三部曲》、《台灣人三部曲》等作品，則強調人與土地的關係，詮釋了客家人的生活哲學。吳濁流的《水月》和鍾肇政的《插天山之歌》、《魯冰花》等，則彰顯了客家女性的偉大。近年來，客家文人輩出，例出曾貴海的《鯨魚的祭典》，林清玄的《蓮花開落》，劉還月的《台灣民俗誌》等，也頗負盛名。[6]

6　徐正光主編（1991）。徘徊於族群和現實之間。台北：正中，頁136～146。

至於傳統中華文化方面，閩南人和客家人傳承的，大體上即是中華文化，而一九四○年代至五○年代來台的外省人，更隨著政府的播遷來台而帶來了大量的中華文化。因此，這數十年來，無論是中國哲學、佛學、文學、史學、國劇（京劇）、國畫（中畫）、書法、國樂（中樂）、中醫藥乃至傳統手工藝等等，在台灣都得到很好的發展。尤其當中共於一九六○年代中葉以後，進行所謂「文化大革命」，放縱紅衛兵大肆破壞傳統文化，台灣更成為維護中華文化的一塊淨土，這一點連今天的大陸文化界人士，在感嘆之餘，也稱讚不已！

除了對傳統文化的傳承，中華文化在台灣也有許多「創新」。例如，在國劇方面，郭小莊的《雅音小集》，是國劇改革的代表作，吳興國也將莎翁名劇改編成國劇上演而轟動中外。在國樂方面，馬水龍等人的創作曲目，令人耳目一新，《梆笛協奏曲》更是名聞中外。在手工藝方面，朱銘的「太極」銅雕系列作品，楊惠珊「琉璃工房」的作品等等，也每每能將中華文化的精神、氣韻巧妙地加以發揮，而深受國際讚譽。至於在學術思想方面，新儒家的許多學術論著，也深受海內外學界的肯定。凡此種種，可開拓了中華文化的新風貌，延續了中華文化的新生命。[7]

最後，台灣原住民族的文化，則是台灣真正的本土文化。由於台灣原住民族有十餘個之多（原有九族，政府所正式承認者，已增至十二族，此外，還有許多個平埔族群），

---

7 行政院新聞局編印（1994）。中華傳統文化在台灣。台北：匡華。

他們的來源也不太相同，因此，他們的文化內涵也呈現多元的特色。不過，總的來說，他們都可算是「南島語系民族」，因此相對於漢文化或更廣泛一點的中華文化而言，又可明顯地看出他們所共有的文化特色。

　　就傳統社會組織而言，台灣原住民族是部落社會，部落乃集數個社而成，為一血緣或攻守同盟，部落以頭目（酋長）為統治者，他是權力的擁有者、資源的分配者，甚至是價值的決定者。就信仰而言，原住民在傳統上是精靈崇拜，他們認為宇宙、大自然中充滿著各種精靈和各種神靈，主宰著氣候、大地的農作物等，人類因為恐懼，而對之產生崇拜。他們的祭典，種類頗多，有的學者把它分為農事祭（如阿美族的豐年祭）、祖靈祭（如賽夏族的矮靈祭）、漁獵祭（如達悟族的飛魚祭）、臨時祭（如鄒族的戰祭）和特殊祭（如彪馬族的猴祭）等五類。[8]

　　在身體毀飾方面，北部各族（如泰雅、賽夏）及南部若干族（如排灣、魯凱、彪馬）的貴族有黥面及紋身的習俗。在戰鬥及出草方面，許多族都有出草（獵人頭）的習俗，其主要用意是要表示男子的勇敢，並以所獵人頭加以祭祀，用以保族人之平安。不過，這些傳統的社會組織、精靈信仰、身體毀飾和出草等習俗，如今已不復存在了。僅有祭典一項，倒是保存了下來，而且成為現在原住民文化的重要標記之一。

　　以現在來說，除了祭典以外，原住民文化中最有代表性

8　王嵩山（2001）。台灣原住民的社會與文化。台北：聯經。
　田哲益（2001）。台灣原住民的社會與文化。台北：武陵。

且具體可察的內涵，莫過於歌舞、服飾和手工藝等了。原住民大多擅長歌舞，他們也有許多傳統樂器，如口琴、竹笛、鼻笛、弓琴、臀鈴等；在歌唱方面，布農族的八部合音，早年即經由日本學者的介紹而名聞國際，阿美族長者郭英男夫婦的《飲酒歡樂歌》吟唱，更曾被亞特蘭大奧運會選編為大會主題曲之一。近年來，原住民歌者輩出，包括北原山貓、巴奈藝術團、多元文化藝術團等，都有國際的知名度。至於動力火車、張惠妹、紀曉君等，雖亦為原住民，但他們主要是以流行歌曲成名的。在舞蹈方面，可分祭舞、酒舞兩類，節奏及步伐看似簡單，其實相當具有特色。

　　另外，在服飾方面，可分「北部型」（上衣無袖，兩片布幅相縫，前襟對開）、「中部型」（有背心、披肩、胸掛袋或腰掛袋）、「南部型」（對襟長袖上衣，腰繫半腰裙）和「雅美型」（丁字褲，對襟短背心，頭戴籐盔、木盔或銀盔）等，造型頗為特殊。在配飾方面，則有琉璃珠項鍊、羽毛、獸皮、銀鐲、配刀等。

　　至於在手工藝方面，則包括柱雕、板雕、木雕、陶雕、籐編、竹編等，其特色為線條較為簡單，造型純樸，用色大膽，神韻十足，與其他各地的南島語系民族相當神似。

　　由上所述，可以概見無論是中華文化、閩南文化、客家文化，或是原住民族文化，都有它豐富的內涵，都各具其文化特色，所以造就了台灣多元文化的風貌，難怪有人說台灣是人類學家的博物館。以下各節，將再進一步舉例加以說明，以饗讀者。

四、中華文化在台灣

中國藝術既是古老的，又是年輕的，它不僅繼承著中華民族的優秀傳統，同時也廣納包容外來的文化，不斷地創造出迷人的魅力。而中華文化隨著自大陸各省居民移居台灣的過程，融入台灣社會，形成具有歷史淵源又能創新的風貌。

目前台灣的生活方式與藝術創作，處處都顯示出多元的文化色彩，有些傳承自中原地區的中華文化，有些則是台灣地區發展出來的，如原住民文化。以中華文化為例，它又包含了很多內涵，例如文學就有詩、詞、歌、賦等，學術思想有儒、墨、道、法等諸子百家，而藝術又有建築、雕塑、舞蹈、繪畫等。以下就生活中較為常見且具象的部分，介紹一下中華文化在台灣展現的面貌。

1.建築與庭園之美

台灣的傳統建築，裝飾特別精美，是民間藝術的總匯，舉凡彩畫、書法、木雕、泥塑、陶瓷等，都是構成建築的要素，因此，從台灣的傳統建築中，能深刻的洞悉中華文化豐富的內涵。

如果您曾進入板橋有名的林家花園參觀，定會讚嘆其廣大富有變化之庭園，及雕塑、裝飾極有藝術之美的住屋與圍牆。傳統中國較富有的人家，常利用後院或側庭佈置庭園，在規模上，板橋林宅的庭園比大陸江南蘇州的庭園還大，至

於庭內的建築物，台灣庭園中仍以亭、樹、樓、閣為主，而附於園中的花木、水泉、山石與建築物，乃靠小徑及遊廊來連貫，遊廊本為連結庭園內主要的建築，而板橋林園的遊廊，上層是天橋，下層是地下道，設計堪稱極為精巧。

　　至於一般住屋的傳統建築，大多源自於閩南及粵東，雖有許多不同形式，但基本上是以三合院及四合院為基礎，擴充變化而形成。在建築特色上，是以長方形的空間且均衡對稱為原則，加以組合而成整體，住宅分配則反映了中國社會倫理的觀念，中間主房為主人所居住，其後之院落為主人之長輩所居住，而左右兩廂則為晚輩們居住，左尊右卑，依在家庭中的身分，分配居住的位置。

　　而建築上的彩繪、圖案、龍鳳紋、神話故事，到山水花鳥等，多具有象徵與美觀雙重的意義，顯得多采多姿。有些住屋更配合運用精美的木雕與彩畫，把結構體裝飾的美輪美奐。例如，中國屋頂的形式，大多為簡單的兩面坡，有些民房在屋脊上增加了陶瓷的裝飾，顯得格外生動，可說是在簡單中透出優雅，在直率中透出生動。[9] 在雕刻或彩繪上，題材多為有關忠孝節義的故事，或山水花鳥，也有在文字對聯上，記述祖先的來源和對後代子孫的期望，或以福祿壽或具隱喻的故事及圖案為裝飾題材。如蝙蝠代表「福」，鹿代表「祿」，花瓶則有「平安」的寓意；另外，為求消災解厄，則設置避邪物，常見的有屋脊上的蚩尤騎獸，門楣上的獅子

9　行政院新聞局（1994c）。中華文化在台灣(7)──建築。台北：行政院。

銜劍或八卦等。

　　舉例來說，林安泰古厝是台北市現存屬一屬二的大古厝，由大安區遷移至濱江公園內，民國七十六年六月起開放參觀。此建築為明清閩南典型四合院式，燕尾屋脊線條流暢，而最具藝術價值之處，在雕刻與彩繪，如正廳神龕上刻有老萊子娛親、三羊開泰、孫真人點龍睛等歷史傳說圖案，雕工非常精緻。門廳外雕刻飛鳳雀替與蓮花吊筒，彩繪則以八仙過海故事最精采，此古厝格局嚴謹，匠工精緻，在台灣建築中，實具有指標性意義。[10]

　　除了上述民居甚具特色外，中國廟宇建築的種類也很多，有佛寺、道觀、祠廟等，但基本格局大體相同。台灣社會的宗教發達，廟宇建築隨處可見，構成了台灣文化的特色，其中鹿港的龍山寺、天后宮，台北的龍山寺及北港朝天宮等，都是台灣有名的寺廟，也是很重要的廟宇建築。另外，孔廟是中國古代儒家文化的象徵，鄭成功驅荷復台後，有意宣示中國文化，參軍陳永華創設台南孔廟，為台灣孔廟之始，繼而有彰化與台北孔廟之興建，建築更為精緻。台灣孔廟建築之裝飾，常加入民間信仰及道教的色彩，此現象亦可反映出儒家在台灣的地位。

　　孔廟完整的配置，包括「左學右廟」，「左學」是指以明倫堂為主的建築群，功能相當於今日的公立學校，目前僅存台南孔廟保留了此部分的舊建築；「右廟」則是只以大成

---

10 吳炳輝著（民 89）。台灣古厝風華。永和：稻田，頁 231。

殿為中心的孔子廟建築群，大成殿宏偉壯觀，位於獨立高聳的台基之上，前方有月台，乃是祭孔時跳佾舞的地方。整體來說，孔廟的裝飾比一般寺廟簡樸素雅，表達一種莊重肅穆之美，色彩以朱色為主，麒麟是孔廟常有的裝飾圖案，因麒麟是仁獸，正傳達了儒家的精神。[11]

建築能夠忠實的反映出人與外在環境之間的關係，以及人們生活方式的改變，台灣近四十年來的當代建築，處處可見建築師們努力結合傳統與現代的軌跡。早期如陽明山中山樓、故宮博物院，與近年完成的台北中正紀念堂及兩廳院、圓山大飯店等，都屬於融合古今的宮殿式建築，恢宏壯觀，在高樓大廈充斥的都市中，展現出獨特的風格。目前的台灣建築，則顯出愈來愈強烈追尋本地的傳統或超越時空束縛的趨勢，例如，台北市捷運淡水線車站的紅磚柱，乃仿自紅毛城內的英國領事官邸，比例美好，令人耳目一新，可稱為台灣本土建築結合外來文化而創新的佳例。

2.雕塑藝術

中國雕塑的包容性很大，金、木、土、石等，均可用以當作雕塑材料，而切、磨、鑽、琢等技巧，亦早於三、四千年前已被運用。例如，在新石器時代仰韶文化的彩陶裡，發現已有泥塑的人頭像，造型古樸；而在周代先人墓陵陪葬物中，亦有不少打磨精巧，圖形抽象的動物玉石；在秦代兵馬俑中更有陶塑立體的人形，以實物原形製作，各具特色。

---

11 李乾朗（民88）。古蹟入門。台北：遠流，頁48。

　　台灣的雕塑則揉合了傳統與現代或地方本土的文化內涵，以下列舉陶瓷藝術、木（銅）雕及琉璃藝術說明之。

陶瓷藝術

　　自清代以來，在台灣的陶瓷製品中，交趾陶可謂是最具特色的民間陶瓷工藝，交趾陶，日本人又稱交趾燒，是源自閩粵一種多彩軟陶，由於陶土塑性好，收縮大，因此製作不易，其塑造題材則以花鳥、人物、走獸為主，色彩鮮豔，造型古樸。

　　台灣早期民間信仰及宗教活動，乃是一般人民生活上的要事，各地均有寺廟的興築，在當時多延請唐山師傅渡海來台，從事寺廟營造，交趾陶的應用源自寺廟的建築裝飾，多彩的釉塑陶製戲文人物，搭配著山水背景或花果圖案，與五彩的玻璃相映成趣，成為台灣寺廟建築裝飾工藝中，不可缺少的一環。

　　現在談台灣的交趾陶，大多以葉王為宗師，傳說同治年間，台南府聘廣東名匠來台，興建兩廣會館，途遇葉王，非常欣賞其陶塑作品，因而傳授技巧予葉王，使其作品更具有傳神生動的特色。台南學甲慈濟宮屋頂上裝飾的八仙過海交趾陶，即出自葉王之手。

　　交趾陶原本是依附在建築裝飾的需求上而產生，但近年來，隨著台灣寺廟建築方式與使用材料的改變，許多新建的寺廟，以水泥做模塑，取代了石雕及木雕的手工藝，交趾陶的壁面部位，則改用磁磚彩繪貼於牆面上，因此交趾陶的工藝產業，從寺廟建築裝飾，轉型至生活家居裝飾的工藝品、

紀念品，而形成一種趨勢，例如，中國人喜歡圓滿吉祥、長壽涵義的題材，如麒麟、龍鳳、富貴財寶、花果人物，雖是傳統的題材，若能配現代化的技巧與造型觀念，創作設計出具有高度藝術價值與流行感的藝術作品或工藝品，相信可創造「台灣彩釉陶」的新天地。[12]

木（銅）雕藝術

台灣木雕最早源自於寺廟建築裝飾與佛像雕刻，國際著名的藝術大師朱銘，以台灣鄉土為題材，融合中西方的哲學理念與雕刻技巧，創造出獨特的風格，也將台灣的雕刻藝術帶往國際舞台。

朱銘的雕刻善於發揮物料的長處，以配合題材的內容，他的功夫顯然已到出神入化的境界，其早期的人像作品，紮根於歷史，反映著人性以及切身的自然環境。面對昔日維繫農村文化的人倫關係和宗教信仰，因機械文明的衝擊，已逐漸消逝的文化情勢，朱銘頗能抽精擷純，將其發揮於其「太極拳」雕塑系列，「太極」沈潛玄祕，象徵中國文化生機，歷久而彌新，太極拳的一動、一靜、一舉手、一投足，無論是用木雕或銅雕，都洋溢著一種震憾人心的生命力。

有人說，朱銘的作品都氣勢雄厚，可感可觸，像是要把木頭或銅等任何物料的力量釋放出來，隨著生活體驗加深，朱銘對人體主題的探索，亦有大幅度的改變，「人間系列」的出現，意味著朱銘藝術觸覺與技巧已更上一層樓，揉合了

---

12 陳國寧（民 89）。台灣交趾陶與產業展望。載於國立歷史博物館出版「以手築夢——台灣交趾陶藝術」，頁 38～50。

傳統木刻技法與現代抽象理念，令人讚嘆不已。[13] 自民國七十六年起，朱銘花費了十二年時間，打造全國最大的公園美術館，收藏上千件作品，搭配作品賞析和創作的故事，完整呈現了大師精采的藝術生涯。

琉璃藝術

琉璃是中國的傳統藝品之一，有著感人的魅力，因其風格獨特，自成體系，色彩鮮明，在全球玻璃藝壇上占有不可忽視的地位。台灣近年來，由楊惠姍與張毅主持的琉璃工房作品面世，創造了一批洋溢著中國傳統格調，並隱含中國哲學與禪意，又蘊涵現代意識的藝術玻璃，重新點燃了復興藝術琉璃的火炬，照亮了我國藝術之路，令人嘆為觀止。

琉璃工房的水晶（亦稱玻璃粉脫蠟精鑄）脫蠟精鑄工藝，與春秋時代青銅鑄造的「失蠟法」有相通之處，所以琉璃工藝確實有著深遠歷史的、民族的傳統淵源，並在高難度、新技術的基礎上，大膽地革新，使民族優秀的傳統，與當今的時代意識水乳交融。透過十幾年的學習，琉璃工房指出，琉璃是一種文化，可以在生活中體驗與品味，並是生活中每一層面可廣泛利用的美學。[14]

位於台北市的「天母國際琉璃藝廊」，是他們把夢想化為現實的第一步，這個結合了國際藝廊、資訊、藝文、休閒

---

13 房義安文、嚴志雄譯（民 84）。論朱銘。載於郭繼生編選，台灣視覺文化。台北：藝術家，頁 151。

14 符芝瑛著（民 88）。今生相隨——楊惠姍、張毅與琉璃工房。台北：天下文化，頁 273。

及觀摩功能的藝廊,使用了大量中國圖騰,如象徵富足的「雙錢」,代表年年有餘的「鯰魚」等,呈現了想把傳統美學,融入現代生活的企圖心。

目前琉璃工房的作品已有七件以上為中國北京故宮博物院所收藏,如《天地之間》、《生生不息》等;英國維多利亞及亞伯特博物館亦收藏其兩件作品──《大放光明》、《並蒂圓滿》;其他如香港、美國華盛頓區的藝術館或博物館,亦都有收藏楊惠姍的作品,如《大願》等,顯示其藝術已相當能獲得國際上的肯定。

另外如王俠軍所創琉璃藝術作品,亦很有特色,不僅手工精緻,且呈現細膩情感與豐富創意,其為來台演唱的男高音多明哥、卡瑞拉斯及流行音樂歌后黛安娜‧蘿思量身定做的《世紀之音》,均為受贈者所珍藏。

3. 舞蹈藝術

中國舞蹈的形式,在西元前一千年的商周時期,曾區分為「文舞」與「武舞」兩類,「文舞」的舞者,手執旄羽,象徵漁獵收穫後分配的情景,後來逐漸演變成郊廟祭祀等宗教儀式的舞蹈;另一方面,表現大規模隊舞的「武舞」,舞者手執兵器,動作有進有退,後來演變成為後世操兵演陣的雛形。總之,中國人藉著手舞足蹈的動作,表達對天地鬼神的崇敬,演練現實生活的細節,抒發彼此歡唱愉悅的情緒,又兼收自娛娛人的表演效果,這就是中國舞蹈內容的基本要素。[15]

一九七三年春天，林懷民以「雲門」作為舞團的名稱，成立台灣第一個職業舞團。根據古籍，「雲門」是中國最古老的舞蹈，相傳存在於五千年前的黃帝時代，舞容舞步均已失傳，只留下這個美麗的舞名。林懷民的「雲門舞集」，乃以瑪莎葛蘭姆[16]的現代舞技法做基礎，又逐漸吸收了中國傳統戲劇表演的特色，加上對現代生活的關心與反映，他們是近年來表現最積極的舞團，在國際間也被視為最具代表性的中國現代舞團。

雲門舞集有名的舞作有《薪傳》、《白蛇傳》、《寒食》、《夢土》、《水月》、《焚松》等，民國八十五年，林懷民至奧國葛拉茲歌劇院導演《羅生門》，獲得熱烈好評。中國戲劇學者余秋雨曾說：「雲門在藝術上特別令人振奮之處所，是大踏步跨過層層疊疊的古典風尚和傳統儀式，用最質樸，最強烈的現代方式，交付給祖先真切的形體和鮮活的靈魂，雲門所表現出來的，是一種在古代話題下的生命釋放，一種把祖先和我們渾成一體的舞台力度。」[17]

其他如劉鳳學的「新古典舞團」，也都是以開放的心態、實驗的角度，探尋中國人肢體表達的新方向，更創造了風貌各異的新舞碼。例如其舞作《黑洞》，展現「力」對「人體」的衝突、對峙、壓迫、平衡與反彈，《曹丕與甄

---

[15] 行政院新聞局（1994b）。中華文化在台灣(18)——舞蹈。台北：行政院。

[16] 瑪莎葛蘭姆是美國現代舞大師，其自創的舞蹈技巧，使得現代舞脫離古典芭蕾舞的陰影。

[17] 引自雲門舞集網站 http://www.cloudgate.org.tw。

宓》則是用身體書寫的人性戰場，企圖在平凡的劇情中，發展「對比」與「冷」的舞蹈質感，而《沉默的杵音》，是以原住民歌舞為素材，將原本對祖靈、對生命、對生活充滿禮讚的樂章，轉化為現代舞作。

4.書法與繪畫

中國書法是一種對人身、心兩方面，均極有益處的藝術，書法可以訓練人的耐心與恆心，且可以變化人的氣質，培養高尚的情操，所以，歷代中國讀書人對書法都十分重視。從形象藝術的角度來看，它是繪畫，因為它能以豐富多姿的形象感動人，自抽象藝術的角度來看，它又是音樂，因它能顯示出音樂般和諧的節奏與旋律，就實用的角度來看，則它是文字。中國歷代書法家發展出層出不窮的書體，可分為五大類，即篆、隸、楷、行、草書五種。[18]

台灣光復後，許多在大陸相當有成就的書法家及文人雅士遷居到台灣，與本土的書法家共同造就了今日的台灣書法風貌，所以整個台灣的書法傳承，可以說是一項書法人文的融合史。

近一百五十年間的台灣書法發展，非常具有豐富性與獨特性，尤其五十年來，從守舊到創新，傳統到現代，更加多采多姿。而橫跨民國與當代的書法家，以于右任、張大千最為著名。

---

[18] 行政院新聞局（1994a）。中華文化在台灣(5)——書法。台北：行政院。

　　于右任（西元 1879～1964）工於詩文，擅長書法，其中草書最為有名，代表作《草書千字文》，筆法秀拔流暢。張大千（西元 1899～1983）書法與繪畫皆名聞中外，其書法得力於北碑者多，如大楷《長壽辭》，就是以北碑的特殊筆法書寫，輕重相間，瀟灑風流。

　　另外，台灣當代的書法家，如：台靜農與陳丁奇兩位書法家的隸書與行、草書，杜忠誥之篆書、隸書、草書，施春茂之隸書、楷書、行書等，亦都極為突出，在台灣書法界相當受重視，成為許多對書法有興趣的青年人學習的對象。

　　中國繪畫也是屬於以線條為主的藝術，與書法甚為近似，故兩者早有相當程度的關係，文人畫家經常強調書畫一體的觀念，並積極倡導以書入畫的畫法，而詩與畫之間的關係，也就在文學對繪畫的影響逐漸加深的情況下形成。

　　由於中國藝術或美學追求「言外之意」、「絃外之音」，與中國哲學的形而上學精神相一致，故書法與繪畫均以表達某種意境為主，例如，「氣韻生動」是評定一幅畫好與壞的第一標準，其他如筆法、骨法、位置、形似等，則為次要，而所謂氣韻是一種可意會而不可言傳的東西。

　　民國三十八年國民政府遷台後，在台灣成長的水墨畫家，從張大千、溥心畬、黃君壁與林玉山等名家的指導，學習到較佳的傳統水墨技法，加上兼習西洋繪畫的基礎，以及自由安定的創作風氣，使得水墨畫界人才輩出，如江兆申、鄭善禧等許多畫家，均建立起自己獨特的畫風。另外如歐豪年，亦為台灣當代有名的水墨畫家，其繪畫題材包括花鳥、

山水、人物、畜獸，對書法、詩文也多有研究。

二十世紀以來，傳統繪畫在現代中國人的生活中，仍占有相當重要的地位，但也有不少畫家要反映新時代的感受，因此在作品中嘗試融入新的表現法，為中國繪畫再度開拓更廣闊的領域。

我們從上述台灣建築、雕塑、舞蹈、書法與繪畫藝術的介紹，可以看出中華文化融入台灣本土的人文特色，有些仍保有傳統的風格，有些則已開創出新的藝術形象，並受到國際的肯定與重視。以下內容如閩南文化、原住民文化等，則較屬於台灣自光復以來，由本土人文環境生根發展出來的面貌。

五、閩南文化

台灣的閩南族群挾著遷台早、人數多的優勢，在台灣的開發史上占有重要的地位，對今日台灣的發展貢獻良多；其所引進的閩南文化，對台灣的歷史文化也有長遠的影響。由於語言、宗教部分另有專章介紹，這裡只選擇表演藝術、陣頭技藝、台語文學、台灣歌謠與台灣民俗等代表性項目來一窺台灣閩南族群豐富的文化內涵。

1.表演藝術

「千里路途三五步、百萬兵馬用嘴呼」，廟前戲台兩旁寫著有趣的對聯，說明了傳統表演藝術的趣味和吸引人之處。

台灣的傳統戲曲，除了歌仔戲以外，其他劇種大部分是在明朝末年以來，隨著閩粵移民傳至台灣。在台灣光復前，台灣民間戲曲已非常蓬勃，其中較重要的有南管戲、九甲戲、四平戲、本地歌仔、歌仔戲、車鼓戲、皮影戲、布袋戲及傀儡戲等。

這些不同的傳統表演藝術除了在各自領域的藝術與文化內涵上有重要的價值外；在昔日教育不普及的時代，這些表演藝術也同時肩負起傳承教化的功能，藉由戲劇的表演、歌曲的吟唱，民眾在不知不覺中接觸了文學、通曉了歷史、更在欣賞表演的同時將其中蘊涵的忠、孝、仁、愛等傳統社會價值深植心中。接下來，我們就大家較耳熟能詳的有歌仔戲和布袋戲來作介紹。

歌仔戲　「我身騎白馬，走三關……。」曾經，楊麗花的歌仔戲風靡全台，除了父執輩的歐里桑、歐巴桑之外，相信許多五、六年級學生也能琅琅上口。歌仔戲的發展距今約有百餘年歷史，是唯一發源於台灣本土的傳統戲曲。歌仔戲的起源，據一九六三年宜蘭文獻委員會所編《宜蘭縣志》，以及一九七一年出版的《台灣省通志》的記載，皆稱歌仔戲起源於今日的宜蘭縣員山地區，是宜蘭地方的一種民謠曲調。

歌仔戲乃是揉合各種傳統戲曲和音樂所發展累積的成果，它吸收了大陸閩南地區的「唸歌仔」說唱藝術，「車鼓小戲」的表演形式，再吸收台灣當時盛行的南管、北管戲，以及民間歌謠的音樂曲調，京戲的鑼鼓點、武打等而發展成新的本土劇種，在民國六○、七○年代更以連續劇的方式，搬上電

視螢幕演出，楊麗花、葉青、黃香蓮等演員名噪一時，歌仔戲成為當時最受歡迎的民間戲曲。歌仔戲除了提供早期台灣社會民眾休閒娛樂之功能，亦具有相當高的藝術與文化價值。

　　然而，隨著社會環境的變遷，民眾休閒生活方式逐漸多元，傳統的野台歌仔戲團演出機會減少，電視歌仔戲觀眾流失，歌仔戲在面臨外在客觀環境蕭條以及內部後繼傳承無人的壓力下已不復當年的盛況，展望未來，為使這項傳統的表演藝術能繼續留存發揚，由陳勝福所領團的明華園歌仔戲團提升傳統歌仔戲精緻性、藝術性與娛樂性的作法，不失為一條可行之路。

　　布袋戲　布袋戲又稱為掌中戲，是盛行於我國閩南地區的偶戲之一。布袋戲表演藝術除前場操偶者的聲腔唸白和操偶技巧之外，後場演奏樂器的樂師、唱曲人員，甚至雕製戲偶的工藝美術，都具有相當高的藝術價值，值得保存流傳。

　　清末傳統的布袋戲隨著閩南移民流傳至台灣，同樣廣受民間歡迎，一時蓬勃發展，布袋戲劇團如雨後春筍般紛紛設立，其間雖歷經日治時期的壓迫仍不衰。尤其是民國五十一年，「亦宛然」李天祿首先應邀在台視演出傳統的鑼鼓布袋戲《三國誌》，為布袋戲開闢新的演出舞台。而布袋戲能成為電視寵兒，則肇始於民國五十九年，「真五洲」劇團黃俊雄以招牌戲《史豔文》在台視演出《雲州大儒俠》而轟動一時，開啟了電視布袋戲的黃金時期[19]。

　　相較於其他傳統大型劇種，傳統布袋戲由於演出的成本

---

[19] 呂理政（民84）。布袋戲筆記。台北縣：台灣風物雜誌社，頁19。

較低，因此獲得演出的機會較多，也擁有最廣大的觀眾群。然而隨著時代的變遷，近年來，傳統的鑼鼓布袋戲已幾近沒落，雖然仍可見於廟會演出，卻經常是觀眾三兩人，操偶的師傅也常是一人獨撐大局，用錄音帶取代鑼鼓班，離傳統遠矣！

2.陣頭技藝

在台灣的廟會活動中，「陣頭」是不可或缺的熱鬧節目。台灣民間陣頭種類繁多，大致可分小戲類與雜技類，又稱為文陣與武陣。文陣常見者有：車鼓陣、牛黎陣、桃花過渡、牽亡歌陣等，而武陣則有舞龍、舞獅、八家將、宋江陣、踩高蹺等。以下以常見的八家將與宋江陣為例，介紹台灣的陣頭技藝。

宋江陣　宋江陣是台灣最大也最具聲勢的宗教性武術陣頭，主要流行於台灣南部。有關宋江陣的起源正史並沒有記載，民間則流傳許多種說法，學者吳騰達研究認為係師法名將戚繼光的「鴛鴦陣」蛻變而成，源自大陸福建地區，而後傳至台灣[20]。

傳統的宋江陣兼具宗教巫術陣頭與國術團體的性質，他們一方面藉由貼有「符紙」的器械表演武藝來驅逐作祟地方邪靈；一方面則藉由宋江陣的組成團練武藝，在清末治安紊亂的社會裡保衛鄉土，以梁山泊好漢宋江「替天行道，忠義

---

[20] 參見吳騰達的台灣民間陣頭技藝及黃文博的台灣民間藝陣二書，頁56。

雙全」的口號激揚尚武精神。隨著時代的變遷，許多鄉鎮的
宋江陣因缺乏人手而面臨瓦解，使得這項傳統技藝面臨嚴峻
的考驗；幸而近年來在文建會及各級教育機關的關注下，許
多中小學紛紛加入宋江陣的傳承行列，使這項技藝得以繼續
傳承發揚。

八家將　在迎神賽會中，常可見一群畫著五彩臉譜、身
穿戲袍、腳著草鞋、頭戴盔帽、手拿法器與羽扇的陣頭表演
團體，此即為民間陣頭中最為嚴肅、神祕與紀律的陣種──
「八家將」。關於八家將的起源，通說係為「五福大帝」的
部將，早年由中國福州引進台灣，清朝中葉後在台南府城發
展開來，成為台灣民間迎神賽會的重要角色。

依照禮俗，八家將在出陣前三天，所有扮演者必須齋戒
淨身、禁絕酒色，待臉譜畫定後則嚴禁開口、嬉鬧與葷食。
八家將表演包含一定的陣法，表演時則嚴禁旁人從中穿越闖
陣。一般來說，行進時以八字步為主，當變換位置時則兩人
一組，並不斷地「照面」，在變換的過程中，亦參雜各項陣
法或拳路表演。若遇到隆重場合則會有揮刺球、穿銅針等以
血見神的表演，表示辟邪、虔敬之意[21]。

八家將之所以在民間陣頭中受到重視，乃在於其極具特
色的藝術表現，以及其緝拿妖魔鬼怪、為民消災解厄的功能。
然而近年來職業陣頭大量出現，部分八家將表演者不遵守戒
律，平日成群滋事，在迎神賽會「開面」後仍嬉鬧、抽煙、

---

[21] 吳騰達（民88）。家將團員的心理歷程。載於台灣傳統雜技藝術研
討會論文集（頁1～11）。台北：國立傳統藝術中心，頁7。

嚼檳榔，甚至出現以刺青取代袍服、開山刀取代法器等行為，使得八家將原本宗教神聖性的本質受到考驗[22]。因此，如何提升八家將表演技藝，使其符合現代社會審美與娛樂需求，則為未來八家將陣頭藝術需努力的目標。

3. 台語文學

　　廣義而言，凡以台灣的人、事、情、物為文學創作的主體，且在文章中使用到閩南語的語彙者，即為台語文學。台灣歷經日治時期「皇民化」政策，以及後來國民政府推行國語運動的影響，雖然早期也有台語創作，諸如大家耳熟能詳的《雨夜花》、《白牡丹》等台語歌謠，然而傳統的文學創作還是多以國語為主。近年來，由於本土意識抬頭，台灣的台語在一批有心人士的努力下，推行台語文字化，並據以作為文學創作、書寫、日常溝通之用，興起一波台語文學的運動。然而，由於表音系統的混亂，且單純以台語進行的創作不易看懂，因此目前所謂的台語文學大都是漢語和閩南語融彙使用。

　　台語文學的創作包括現代詩、散文、小說、囡仔詩、圖文集、戲劇等等，知名的作家及代表作品如賴和的小說《鬥鬧熱》反省過去台灣鄉下地方以大拜拜來展現各自財力的不良風氣；向陽的新詩《阿爸的飯包》描寫父親的堅毅和對子女的親情；黃春明的小說《看海的日子》刻化女性堅強自立的精神；王禎和的小說《嫁妝一牛車》描述小人物在貧窮中

---

22 同註 21，頁 10。

的無奈處境。

　　台語文學多著重在事實的描述,以及記錄某一個時代的處境和精神,雖然不見得具備很高的文學、藝術價值,然而卻充滿歷史感與親切感。在這一波台語文學風潮,除了成就不少台語文學作品外,各類台語文學營、台語文學雜誌,以及以台語文架設的網站皆有助於協助閩南族群的文化保存,避免語言的流失、發揚台語文化並建立台灣文學的主體性。

4. 台語歌謠

　　歌謠如同一面鏡子,它反映出社會的狀況與時代的風格,歌謠也如同一部歷史故事,記錄著人們的悲歡,也記錄著這塊土地上一點一滴的生活故事。台語歌謠陪伴許多台灣人走過甘甜苦澀的年代,也深藏著生活在台灣這片土地上百姓的回憶。本文以經典的台語歌謠《雨夜花》、《杯底部不可飼金魚》與《燒肉粽》為例,介紹台語歌謠的時代故事。

　　雨夜花　「雨夜花、雨夜花,受風雨吹落地,無人看見,暝日怨嗟,花謝落土不再回……。」你知道這首在 KTV 仍點唱的到的歌曲《雨夜花》至今已有七十年了嗎?曾經,這首描歌曲在日治時期因其優美的旋律,以及藉由描述愛情悲劇的歌詞暗喻台灣人遭日本人壓迫心境而紅遍台灣街頭巷尾;至一九四〇年代皇民化時期,日本殖民政府為驅策台灣青年投入戰場,將世人喜愛的《雨夜花》哀婉的歌曲旋律加快,改成激揚、慷慨的軍歌進行曲,作為驅策台灣青年上戰場的時局歌曲。戰後,因政權的轉移,《雨夜花》被視為日

本軍魂的遺毒而禁唱。而今，這首歌曲因其優美的旋律歷經時代的輪轉仍傳唱至今，成為台語歌謠的經典作品。

杯底部不可飼金魚　「飲啦，杯底部不可飼金魚，好漢剖腹來相見，拼一步，爽快麼值錢……，朋友兄弟無議論……，杯底部不可飼金魚。」一九四七年，台灣社會發生「二二八事件」省籍衝突在島內激烈沸騰，為織補台灣社會的省籍裂痕，一位經歷二二八事件的歌謠創作者呂泉生便創作了歌曲《杯底部不可飼金魚》，希望藉由歌詞傳遞消弭省籍隔閡，呼籲島內同胞「朋友兄弟無議論」、「好漢剖腹來相見」，彼此和睦共處[23]。

燒肉粽　「自卑自嘆歹命人，父母本來真疼痛乎我讀書幾落冬，出業頭路無半項，暫時來賣燒肉粽，燒肉粽，燒肉粽，賣燒肉粽……。」中日戰後，百廢待舉、物質缺乏，加上之後國民政府搬遷來台，物價波動嚴重，百姓生活十分困苦。當時詞曲作家邱東松便於一九四九年創作出歌曲《燒肉粽》，歌詞中便將當時民生疾苦的現況，藉由小販的艱辛生活訴說出來[24]。爾後，《燒肉粽》一曲便成為台灣社會中下階層小人物傳遞困窘心境的一種抒發管道。

5.台灣民俗

民俗祭典是傳承台灣文化、凝聚人民的重要管道，而其

---

23 陳郁秀（民 92）。台灣音樂閱覽。台北：玉山社，頁 127。以及莊永明（1994）。台灣歌謠尋根音樂 CD。
24 莊永明（民 83）。台灣歌謠尋根音樂 CD。上揚有聲出版公司。

由來多與台灣民間信仰和神話傳說有關，因此各項重要的民俗祭典大多具有敬天畏神、消災祈福的性質。本文將以大家耳熟能詳的燒王船、媽祖繞境與鹽水蜂炮活動為例介紹台灣極具意義與特色的民俗活動。

　　燒王船　「燒王船」祭典盛行於台灣西南沿海，是台灣地區十分著名的廟會活動之一。所謂「王船」，就是王爺船，相傳昔日台灣地區地區高溫濕熱、瘟疫疾病叢生，百姓面對時常發生瘟疫卻束手無策，便將瘟疫的流行歸因於瘟神疫鬼的作祟，因此期望藉由祛除瘟疫之神——「王爺」的庇佑，將瘟神押解上王船，隨著王爺與王船一同出境，以讓島上百姓能免於瘟疫之苦。百姓為感謝王爺，每三年便舉行一次迎王繞境平安祭典，以莊嚴隆重的儀式與華麗王船表示地方百姓對王爺的感激和虔誠。

　　整個祭典包括請王、過火、繞境、宴王、送王等儀式，而活動的高潮就是送王儀式的「燒王船」。在送王的當天，王船在信徒香客的護送及各陣頭的開路下到達目的地，信眾就將金紙、柴、米、鹽、糖等物品堆放在王船上及船邊，時辰一到即在鑼鼓喧天聲中點火恭送王爺出航，王船便載著信徒的祈求與祝福順風啟航，燒王船儀式至此便告完成。

　　媽祖繞境　「三月媽祖生」是全台信仰大事，每年農曆三月初全省各地的媽祖廟都會舉行繞境活動。由於媽祖神威顯赫，因此每逢媽祖出巡時總吸引著數十萬的信徒從參與繞境進香活動，祈求媽祖娘娘的庇佑。台灣知名媽祖廟有台北的關渡宮、大甲的鎮瀾宮、北港的朝天宮、鹿港的天后宮和

澎湖的天后宮。各地繞境進香活動中以大甲媽祖進香與北港媽祖繞境最為著名。

以大甲媽祖繞境為例，每年三月一到，從大甲鎮瀾宮媽祖到新港奉天宮的交香繞境活動吸引成千上萬的信眾參與，這個龐大的進香隊伍徒步前進，三跪九叩，綿延數公里；沿途商家、民眾常盛情提供許多食物、飲料給香客享用。每到一處停駕點，都有信徒伏地鑽轎，祈求平安，新港街頭一片人海茫茫、萬頭攢動的景象[25]，「三月瘋媽祖」的盛況可見一斑。

鹽水蜂炮 台南鹽水蜂炮是元宵節中最令人印象深刻的活動。鹽水蜂炮相傳是鹽水人為回報關聖帝君的庇佑其免於瘟疫，乃製作各式蜂炮作為獻禮，活動流傳至今即成為鹽水地區特有的蜂炮盛會。

鹽水放蜂炮活動在每年農曆正月十四日上午八時由武廟出發揭開序幕，遊行隊伍除了神轎之外還有各文武陣頭、花車，活動熱鬧非凡。一直到隔天清晨，炮城上的蜂炮在一時間有如萬箭齊發，伴隨著「咻──咻──咻」的聲音向四周流竄。雖然蜂炮場面狀況攝人，驚險萬分，但鹽水蜂炮獨具特色的魅力仍吸引眾多前往參與欣賞[26]。

以上所介紹的傳統表演藝術、陣頭技藝、台語文學、台

---

[25] 呂明穎（民 86）。寫給青少年的──台灣祭典風俗。台北：常民文化，頁 80。

[26] 引自南瀛觀光資源網 http://travel.tnhg.gov.tw/index.php?act＝show&sid＝16&tab＝05。

灣歌謠與台灣民俗，僅僅是台灣閩南族群豐碩文化內容的一小部分，台灣閩南傳統文化還有更多有意義的內涵值得我們去探索。無奈傳統文化雖曾經如此璀璨興盛，卻難敵社會環境變遷的時代洪流，幸而近來本土意識抬頭，為傳統文化帶來一絲希望；然而努力才剛開始，欲締造更璀璨有價值的文化內涵，仍須兼顧傳統的維護和內容的創新方能達成。

六、客家文化

客家文化是中華文化的一支，也是本土文化中重要的一環。台灣的客家文化，自三百多年前隨著客家祖先從大陸原鄉渡海來台，透過一代一代的傳承，將其語言、信仰、文學、山歌藝術、生活習俗等文化流傳下來。有段客家諺語說：「寧賣祖宗坑，不忘祖宗聲；寧賣祖宗田，不忘祖宗言」很適切地表達了客家人在歷經戰亂，不斷遷徙的歷程中，仍堅持保有其文化傳統的執著。以下就客家文學、客家歌謠、採茶戲，簡單介紹客家文化之一二。

1.客家文學

什麼是客家文學呢？近年來有人主張，要以客家方言所作的文學作品才叫「客家文學」。然而，一代的客家文學大師鍾肇政先生都不諱言，純粹用客家思維來行文寫作，確有困難；況且，一部客家文學的作品，能讓更多人看的懂，透過作品去了解客家族群的生活和文化，遠較純粹以客家方言

來書寫更有意義。這裡所說的「客家文學」，指的就是出自於客家作家手中的文學作品，而不論其所用的語言是客語、中文或是日據時代以日文完成的作品。

在當代台灣的客家文學中，占有較重要地位的客籍作家，當推吳濁流、鍾理和、鍾肇政和李喬等幾位。

吳濁流在戰前接受日本教育，精通日文，在戰後也能用中文創作長篇小說，他在一九四五年完成《亞細亞的孤兒》一書，寫的是日本人統治下，台灣人的悲慘遭遇，在日人統治的體制下，探討台灣人的「孤兒意識」，其中隱含著抗日意念，在當時的情況下，可說是冒著生命危險完成的作品。另有兩本著作《無花果》及《台灣連翹》，描寫二二八，出版後隨即遭到查禁，是在台灣極早探討關於二二八的著作，其超越了文學的價值，成為重要的參考史料。此外，在一九六四年，他創辦了《台灣文藝》雜誌，並設立「吳濁流文學獎」，對戰後台灣文學的發展和貢獻很大。在威權的年代，他展現了客家的「硬頸」精神，獨特而堅持地做他的文學創作。

鍾理和，被後人譽為「倒在血泊中的筆耕者」，處在貧病交迫的生活中仍不斷創作，他所寫的《笠山農場》，在一九五六年獲得中華文藝獎，以平淡樸實的筆調，描寫當時的農村景象，書中以其夫人為藍本所創造之小說中的女主角「平妹」，以其無所依恃的身軀，扛負一家重擔，將客家婦女的堅強及偉大充分的描繪了出來。

鍾肇政的長篇小說《台灣人三部曲》，以中日甲午戰爭

到一九四五年抗戰的時空為背景為描寫台灣殖民地的經驗的
作品，氣勢恢弘，成為台灣長篇小說寫作的示範者。

　　李喬的《寒夜三部曲》由《寒夜》、《荒村》、《孤
燈》等三個長篇組成，從台灣民主國寫到日據時代，《寒
夜》以清朝末期、日本統治台灣為背景，敘述彭、謝兩家族
定居、開墾蕃仔林的過程，擁有土地繼而認同土地。《荒村》
則將日據時期農民運動中的人物、事件，以改寫的方式，作
了完整的陳述。《孤燈》以第三、四代人物為主，描寫蕃仔
林老弱婦孺的生活和青年們被日本徵召到南洋當兵，戰敗逃
亡的過程。土地和母親是寒夜三部曲的重要元素，擁抱土地
生出的愛與恨，是其中最重要的主題。另外著有《埋怨，一
九四七埋冤》，補上了二二八白色恐怖時代的故事。李喬筆
下所刻畫的人物十分生動，可以見到客家人奮鬥的身影，
《寒夜》還被公視改編為戲劇，播放後獲得極大的好評與迴
響。

　　新生代的客家作家，以吳錦發為代表，吳錦發的創作以
小說為主，到目前為止已出版了《放鷹》、《秋菊》、《春
秋茶室》、《靜默的河流》等作品；其中《秋菊》、《春秋
茶室》、《燕鳴的街道》等作品被改編為電影。在「報導文
學」方面，較著名的作家有劉還月、徐仁修和藍博洲。劉還
月以田野調查的方式，致力於常民文化的寫作，著有《台灣
土地傳》等書；徐仁修著有《大地受傷》，關心環境的污染
及反映大自然遭受到的人為破壞，使動物和植物遭受滅亡之
災；藍博洲則對社會政治現象作觀察，著有《幌馬車之

歌》、《陳屍、流亡、二二八》等著作。報導文學較小說更直接反映了社會的脈動、民生的疾苦，並關懷所居住的自然環境。此外，魏貽君的社論寫作、林雲閣的環保議題、劉郁秀的女性發聲、彭瑞金的台灣文學評論，范振乾、鄧榮坤、林芸、劉慧貞等人的鄉土文化寫作，均為台灣的客家文壇注入了新血與能量。年輕輩的客籍作家，還是延續了以往前輩作家的風格，以寫實的筆調，描寫對周遭生活的感受與關懷。

2. 客家歌謠

雞公相打胸對胸，
牛牯相鬥角亂衝，
英雄相打爭天下，
阿妹相打爭老公。[27]

這是首客家歌謠，將原本火藥味十足的相爭相鬥，以巧妙的對句，層次的比喻加以美化，從動物、英雄好漢，最後點出女子爭取好對象，也要努力才行，十分的豪爽。

客家歌謠分為山歌和童謠，山歌可細分為老山歌、山歌子、平板、小調等；童謠則可細分為搖籃歌及朗誦詩。客家人的山歌，種類繁多，有「九腔十八調」之稱，「腔」指的是各地不同的唱腔，「調」是指不同的曲調。客家山歌的風格質樸剛健，表現方式也很平實。過去客家人在山裡田間工

---

27 馮輝岳（1999）。客家謠諺賞析。台北：武陵，頁 150。

作，為了提振工作時的情緒，增進工作的樂趣，相報消息或
互別苗頭，會滿山遍野的邊工作邊唱歌。由於是一邊工作一
邊唱歌，所以並沒有舞蹈動作，之後，歌唱的題材漸由工作，
延伸到情歌、生活各個面向。[28]

　　依照客家人傳統的分類，客家山歌可分為四種：老山歌
是客家山歌中最古老的曲調，演唱者可以根據老山歌的曲調，
唱出不同的歌詞，為了要從這一山唱到那一山，老山歌不僅
唱的高，也拉的長。山歌子是由老山歌變化而來，它也是種
曲牌的名稱，可以像老山歌一樣唱出不同的歌詞，但聲音不
像老山歌拉的那麼長。平板又稱「改良調」，由老山歌、山
歌子演變而來[29]，代表著山歌漸由荒山原野漸漸走入家庭、
戲台，曲調平坦順暢。除了「老山歌」、「山歌子」、「平
板」沒有歌詞外，某些客家歌謠則有固定的歌詞，一首曲調
一首歌詞，例如，勸世文、桃花開、落水天……等。

　　客家山歌的特色在於，它是種沒有固定旋律線及固定歌
詞的民歌，老山歌、山歌子、平板的歌詞可以即興創作，說
明了客家人在應付險惡的自然和社會環境時，表現出隨機應
變的靈活性，以及善於取捨的現實性格[30]。

　　含蓄質樸的客家山歌，展現了客家族群處於艱難環境中
務實的性格及堅韌的生命力。

28 邱彥貴（2001）。台灣客家地圖。台北：城邦，頁118。

29 轉引自曾喜城（1999）。台灣客家文化研究。台北：國立中央圖書
　　館台灣分館，頁160～167。

30 謝俊逢（1993）。客家話與山歌。載於台灣客家公共事務協會編
　　選，台灣客家人新論。台北：台原，頁164。

　　至於童謠部分，搖籃歌是客家母歌，也就是母親唱給襁褓中嬰兒聽的歌，這些搖籃歌具有撫慰心靈的效果，能撫平幼小心靈受到驚嚇時的情緒波動，在母親的溫柔歌聲和搖籃的律動中，安穩的進入夢鄉。兒童唸唱的朗誦詩，則純粹是為了趣味，大多是孩子玩樂時所唸，在早期，透過童謠的潛移默化、口耳相傳，幫助了客家孩子在教育上的啟蒙，藉著童謠的朗誦，孩童在不知不覺中學習周遭的事物、拉近彼此的距離，對情感的陶冶、美感的培養，有很大的功效，而且客家童謠語句淺白、聲韻活潑，又富於情趣，對訓練孩子的語文是極佳的教材，對語言文化的傳承有很大的價值與功能。

3. 客家採茶戲

　　採茶戲，因為演出時的角色為二旦一丑，又被稱為「三腳採茶戲」或「三腳班」。依《贛州府志》的說法：採茶戲是由客家民間歌舞採茶燈和客家山歌的摘茶歌發展而來的，客家人不僅有飲茶的習俗，客家山區也種茶銷售，為了茶葉的產銷而創造出「採茶戲」。「採茶戲」融合了客家民間文學，客家歌舞燈彩於一體，所以劇目以簡短的喜劇和鬧劇為主，很少正式的大戲與悲劇。採茶戲的題材大多表現下階層群眾的生活風貌，尤其是手工業的工人，藝匠的日常生活，以及男女間情愛的表達為最多。腔調分燈腔、茶腔、路腔、彩調四種，表演與實際生活十分貼近。採茶戲的演員少，布景簡單，只需幾種傳神的道具，有利於在山區客家聚落流行，很能表現出客家人的生命力[31]。

　　採茶戲在清末傳到台灣來，約在台灣興盛了三、四十年後逐漸沒落，當年沒什麼娛樂，採茶戲班來到地方是很大的消息，當時流傳一句話「採茶入莊，田地放荒」，許多人為了看戲，而將手上的工作或農事放下，由此可見採茶戲在當時受到的重視。

　　採茶戲原先只有一齣，演的是賣茶郎張三郎的故事，張三郎和妻子、妹妹在廣東採了茶，聽說茶在台灣有好價錢，於是在廣東製好了茶，再帶到台灣去賣。張三郎在台灣賣茶賺了錢後，卻沈迷在酒家酒大姊的美色溫柔中，直到錢財用盡了才不得不離開。回到廣東，被妻子知道在台灣荒唐的經過，妻子一氣之下跑回娘家，最後在張三郎再三懇求，檢討改過之後，張妻才答應原諒，一家團聚的故事。

　　民國初年，台灣的歌仔戲十分盛行，採茶戲也模仿了它的角色、故事、服飾、布景等，打破了之前三個角色的限制，以山歌演唱，形成新的「改良戲」。現在的一些客家民謠，有部分就是從採茶戲中演變來的，只是採茶戲中的歌曲，需要更多圓轉的技巧，比現今的客家歌謠更難唱難學，但也較一般的唱腔好聽。可以說，三腳採茶戲將客家人的喜、怒、哀、樂，男女兩性間的情義適切的表現出來了。研究客家戲劇的鄭榮興教授指出，客家採茶戲有重要的藝術價值：其一是「九腔十八調」的音樂曲調繁多，豐富了課家劇的內容戲碼。其二是客家戲的表演生活化，可以從三腳戲擴張成為「大戲」。其三是客家戲保留了即興演唱的親和力。採茶戲展現

---

31 同註3，頁171。

了過往客家人的生活方式，以上三點，不僅說明了民間戲曲的可貴，也有著文化傳承的意義[32]。

4. 客家信仰

客家人為漢民族的一支，在傳統信仰上，自然也繼承了漢民族的文化，對於佛、道等宗教神祇的信仰與其他的民族類似，並未有很大的歧異，但客家人也有與其他族群不同的宗教崇拜，以下就客家人與眾不同的信仰說明之：

義民爺信仰 客家人的信仰裡，最為人所知者，當推「義民爺」的信仰了，這是在大陸客家人的傳統信仰中所無，而台灣客家人所特有的。義民爺指的是發生在清朝的數次民變，例如，康熙年間的朱一貴事件（1721年）、乾隆年間的林爽文事件（1786年）中，為保衛自己的鄉土所死難的客家民兵。朱一貴事件當時所犧牲的客家鄉勇被奉祀在屏東竹田的「忠義詞」，林爽文事件所捐軀的烈士則供奉在新竹縣新埔鎮的「義民廟」，目前全台各地約有三十多座義民廟，祭祀這些陣亡義士的英靈，其中以新竹的義民祭典規模最為浩大，幾已成為北台灣客家族群的宗教盛事，十五大莊近二百五十個村里，在每年農曆七月二十日舉行盛大祭典，由十五大莊輪祭，舉行神豬競重、羊角競長的比賽，熱鬧非凡。義民爺成為台灣客家人信仰的對象，信徒遍布海內外，義民廟並成為客家信仰的中心，而為保家衛鄉殉義，不屈服於武力強暴的「忠義」精神，則成為客家人的光榮傳承。

---

32 同註3，頁173。

三山國王信仰　「有三山國王的地方，就有客家人。」
三山國王可說是客家人對大自然的崇拜，也被視為是客家人
的原鄉神祇。三山國王指的是廣東揭陽縣（今日的揭西縣）
的三座山──巾山、明山和獨山，相關三山國王的來源，則
有各種不同的傳說，舉其一：三山國王之大國王連傑，二國
王趙軒，三國王喬俊，皆允文允武，南北朝時助楊堅完成帝
業結為兄弟，被封為開國御前三大將軍，後退隱修成正果，
隋恭帝時封為三大元帥，宋太宗時顯靈，封連傑鎮守巾山，
為威德報國王。趙軒鎮守明山，為明肅寧國王。喬俊鎮守獨
山，為弘應豐國王。[33] 客家人將原鄉的三山國王帶入台灣，
在移墾台灣，與原住民爭地的時期，認為三山國王（山神）
最可以嚇阻來自山林的原住民，便虔誠奉祀，三山國王遂成
為台灣客家人的守護神，目前全台灣的三山國王廟約有一百
五十餘座 [34]，三山國王渡台數百年，庇佑眾生無數，信徒早
已跨越族群，不再侷限是客家人了。

昌黎祠　屏東六堆地帶的內埔，有著全台少有，專祀韓
文公的昌黎祠，韓愈特別受到客家人敬重的原因是，韓愈在
朝為官時，耿直敢言，曾進諫唐憲宗，反對將法門寺的佛骨
迎奉入京，而被貶為潮州刺使，潮州即現今廣東一帶，在當
時被視為南蠻之地。韓愈到任後，政績卓著，又興辦學校，
使潮州文風漸盛，教化大行，自然受到嶺南客家人的敬仰與
尊奉，韓愈死後被封為「昌黎伯」，祭祀他的廟宇即稱為

---

33 轉引自曾逸昌（2003）。客家概論。台北：曾逸昌，頁 254～255。
34 同註 7，頁 256。

「昌黎祠」，台南三山國王廟裡也有陪祀的「韓文公」。因為昌黎祠代表了儒教的信仰，所以並不流行抽籤問卜等巫術行為[35]。

惜字敬神　惜字亭又稱敬字亭、聖蹟亭，台灣現存的惜字亭，大約僅剩二十座左右，大約只在客家地區見得到，惜字亭及敬重字、紙便成為客家人的特色。在傳統客家人的心中，重視耕讀，並有造字不易的觀念，表現在信仰上，即拜文昌帝君，甚至是造字的功臣「倉頡」。已經寫過字的「字紙」，則不可隨意污損，要集中在惜字亭焚燒，「紙」和「文字」傳遞聖哲遺教，是文明的代表，應該要敬惜，文字也是聖神的化身，經過蒐集、焚燒，讓這些文字飛升回到天上。惜字和敬紙，正是客家人敬重文明的象徵。

客家文化曾面臨難以傳承的危機，由於客家意識普遍薄弱，客家又屬於較弱勢族群，在政治、經濟、社會的地位相對低落，加上早期推行的國語政策，許多客家人將自己的身分隱藏起來，年輕一輩的客家人大多已忘了自己的母語該怎麼說，更遑論去領略客家文化之美了。所幸，一直有一群客家文化人在默默地耕耘，和一些前輩耆老為客家文化的保存發揚努力奔走。近年來，政府也注意到這個問題，不僅同意開放各級學校實施母語教學，也補助各類客語節目、客家文化活動的製作和推行，行政院客家委員會的成立（民國 90年）及客家電視台的開播（民國 92 年）更是個新的里程碑，使客家文化有更大的舞台及發揮的空間。

---

35 同註 29，頁 136。

　　文學方面，除了客家語言在熱心人士的整理和研究後，已顯出成效，接棒的新世代作家，也努力創造內含客家文學觀的傳世作品。在音樂部分，客家山歌嘗試與現代音樂理論結合，以提升創作的品質和技術，也藉此吸引新生代的加入；在流行樂上，客家歌雖屬小眾音樂，但可不只有一首《細妹按靚》，陳昇、黃連煜嘗試將閩南、客家話混合的「新寶島康樂隊」專輯，頗有族群大和解的胸懷，此外，為美濃反對興建水庫的鄉親發聲的「交工樂團」，顏文志、陳永淘和謝宇威等人的客家歌曲創作，都是客家文化的轉化與發揚。相較中華文化和閩南文化，在台灣的客家文化還像是一株幼苗，正在努力的回復傳承及吸收養分，客家藝術，近來得到官方與民間的支持，也在不斷的傳承與創新，像客家藝術節的舉辦，就希望能獲得年輕一代的認同，並與現代化、國際化的潮流接軌，客家文化的潛力和發展，也因此更值得讓人期待。

七、台灣原住民族文化

　　原住民文化是台灣最道地的本土文化，台灣原住民各個族群有其不同之語言、歌舞、服飾、家庭體系、社會結構、豐富的祭典文化和宗教信仰。最特別的是傳統音樂與生活文化的結合，且每個族群都擁有優美的歌聲。以下就原住民族音樂與舞蹈、神話、道德規條、信仰與禁忌以及祭典文化等方面作簡單介紹。

1. 音樂與舞蹈

原住民是愛唱歌、愛跳舞的民族，然而，他們的樂舞並非只是其生性樂天活潑、休閒娛樂或消遣性作為，事實上，對於沒有文字的原住民各族而言，原住民的舞蹈和音樂有宗教的層面、有傳遞文字的功能，更有凝聚部落意識的力量。原住民各族音樂和舞蹈普遍應用在傳統的歲時祭儀、起居耕產、出草狩獵、男女婚姻以及其他聚會等，歌謠的旋律皆有其高深的意境。

原住民傳統音樂基本上包含器樂與歌謠兩類；前者是用手、嘴操作構造簡單的自製樂器，例如，口簧、弓琴、鼻笛、木杵、木琴、絃琴⋯⋯大多以即興方式表演。音樂的音高、節奏無絕對標準化的要求，也沒有具體記錄的音樂符號與系統，許多古歌謠即為民族史詩、美妙的口傳文學，例如，賽夏《矮靈祭歌》、排灣《婚禮祝歌》、泰雅《祖源歌》，以及享譽國際極為特殊的布農八部和音《小米豐收歌》與阿美族耆老郭英男的《飲酒歡樂歌》等。布農八部和音之所以可以在台灣原住民各族中獨樹一格，除了布農族人對歌樂的偏好大過於對器樂的鍾愛外，其以人聲為樂器的歌樂世界裡，早已發展出一套完全屬於自己的音樂觀與音樂系統。雖然布農八部和音沒有壯麗渾然的舞步配合天籟般的歌聲，但集體圍圈低吟的和聲，足可讓神、人之間交感共鳴，令人為之動容。這是內斂沈潛的民族性使然，更是那莊嚴執著的民族祭儀的約束。

　　原住民的生活歌謠經常伴以身體的律動與搖晃,祭儀的歌謠更要配合正式的舞步,如此更能適當的呈現歌謠的內涵;肢體語言可以增加歌謠呈現的樣式,若是眾人一起挽手成圈而歌舞,其間歌謠韻律與身體的前後俯仰、左右移動配合,加上跳躍蹲伏,歌詞著於心、出乎口、入乎耳,舞動四肢之間,彼此心手相連、高聲應和足以展現原住民極具感染力的生活體現。歌舞的融合是原住民集體表現情感的方式之一,要進入原住民各族的文化世界,歌舞與儀式行為的參與是必經的途徑。

　　現今,台灣原住民藝術團體中,以一九九三年在美國紐約的演出獲得媒體、觀眾一致好評的「原舞者」為代表,它是由台灣各族原住民族青年組成,在人類學家的協助下,透過實際參與觀察,整理原住民歌舞。這種舞蹈透過原住民祭典精神,以充滿活力的傑出表演,強調其試圖結合戲劇、傳統與現代來詮釋原住民的祭典與經驗。迄今,為促進人們對台灣原住民文化的了解,「原舞者」的足跡已遍及歐、美、亞等多國。

2.神話、道德規條、信仰與禁忌

　　人類為了要探究宇宙萬物的奧祕,便由離奇的思想,產生了許多的神話。雖然,神話的內容雖荒誕怪異,超出事理之外,卻為當時的人們所信服,甚至影響至今,也反映出民族的特性。原住民價值觀體系的萌生,在各族的神話情節均可尋得其脈絡;原住民認為自然界所有存在的事物和人類是

來自相同來源。原住民的人類起源神話中，有的是由破裂的石頭生出；有的則由蟲變人，例如百步蛇是排灣族貴族的圖騰；鄒族則認為人是天神播植於地而生的，或是被搖落地上的楓葉果變成的。人與動植物之間可以藉著變形的過程，更改生命的型態，所以，人可變成飛鳥走獸與樹上的猴子，而天上的星辰則是過去的祖先豪傑。

原住民各族都有故事述一粒米能夠煮一鍋飯，全家可以吃飽。但是，因為懶惰的人不願意每天煮飯，把許多米放在鍋裡，結果滿飯出來，整個屋子都是飯，懶惰的人只好躲在角落裡變成老鼠。這個故事中變成老鼠是因為犯了錯誤，不遵守規範，因而受到懲罰變成動物。蘭嶼島上的雅美（達悟）族，從古至今謹守飛魚給予的訓諭，以誠懇和敬重的態度面對自南方洄游而來的飛魚群，按著一定的季節撈補，並區分為女人魚、孩子魚、老人魚和男人魚。飛魚對達悟人而言是神聖的，就像龍對中國人而言是聖物一樣。因此，對於飛魚的殺法、烹調及用具、吃法等，都必須遵守古傳的規則，以迎福避惡[36]。「小矮人」也是原住民各族普遍存在的傳說，尤以賽夏族的「巴斯達隘矮靈祭」最具特色。[37]另外，雪山、大霸尖山、玉山、大武山等高峻的山峰，有的曾經是民族遷徙的起點，有的曾經孕育祖先的生命，有的則是祖靈居住的地方，都是原住民族群崇敬看待的聖地。

---

[36] 夏本‧奇伯愛雅（1994）。吃魚的方式與過程。載於周宗經，雅美族的社會與風俗。台北：台原，頁 37～43。

[37] 夏美寬（1997）。要求名字的主人。台北：人光，頁 265～274。

在原住民各族的傳統習慣裡，有其尊重自然的狩獵哲學：一個獵人的獵獲不僅歸給本身及其家人外，還要讓家族的人按著一定的方式分享，其分配依循著嚴謹的規則進行，例如，布農族從農耕（包含開墾、播種、除草、收獲）、狩獵、捕魚、採集等工作，以及處事待人始終不離宗教禮俗，且都有嚴格的禁忌，甚至連男性、女性、孩童及老人該拿到哪個部位的肉食，都要清楚分別。這種分享狩獵所得不僅是原住民的特殊生活習性，更是獵人常倫與親族關係、宗教意義與部落族群生命延續密切的連結。

由此可顯現神話對一個民族的知識、文化價值的傳承與創造，具有關鍵性地位。這些原住民以萬物靈觀揣摩出其間存在的力量與道理存在於原住民神話情節裡的集體思維，構成了原住民各族深刻的文化內在結構和價值觀體系；知識、觀念與禁忌構成其倫理系統，成為集體遵循的規範與思考的前提。

3. 祭典文化

祭典儀式是每一個族群最基本的文化特徵，係先民生活歷史的記載與傳承，傳統社會文化規範的模式。雖然，每一個族群的祭典型式和內容意涵都不盡相同，但文化功能上都具有很深的意境。原住民「祭儀」團體的構成單位與範圍，有以地域群為祭團聯繫基礎和以血族關係為基礎兩種。祭儀以農業祭儀為主，另有狩獵祭、祖靈祭等大小祭祀。一般說來，氏族社會是以氏族為單位構成祭祀團體。在超級部落裡

面則以同地域之若干氏族構成區域氏族祭團。甚至有範圍更廣的祭團組織，是由超氏族群體乃至合併若干近鄰之部落共同組成大於部落的祭團組織。

　　原住民不同族群的傳統祭典所祭之對象不同，所唱跳之歌舞不同，舉行的時間地點不同，進行的方式也不同，即使原住民傳統祭典間有如此大的差異性，但不可否認的是，它們之間也存在著若干的共同現像，其中最引人注目的是傳統原住民傳統祭典中充滿著各式各樣的「禁忌」。台灣原住民各族群皆有其獨特的傳統祭典，舉凡阿美族的豐年祭、排灣族的五年祭、卑南族的猴祭、鄒族的凱旋祭（Mayasvi）、雅美族的飛魚祭、賽夏族的矮靈祭等，皆是極具原住民文化特色的傳統祭典。

　　賽夏族「巴斯達隘矮靈祭」是台灣原住民傳統祭典中，最為神祕與特殊的一個，其緣起是由一則神話傳說而來，其進行以一首如史詩般的祭歌導引，其中敘述矮人與賽夏族人間之恩怨情仇，藉由一次次的祭典儀式的舉行，而深刻化成賽夏族人的集體意識，形塑成賽夏族人的共同生命體與共同經驗，這種獨特的社會脈絡所發展而出的祭典儀式，是生活性的，更是生命性的。賽夏族人在矮靈祭典中的舉手投足，攸關一個家族或個人的禍福吉凶，因此，面對祭典的舉行，賽夏族人常是戒慎恐懼、悲喜交雜的。[38]

---

38 簡鴻模。台灣原住民祭典中的神聖現象——以賽夏族矮靈祭為例，取自輔仁大學原住民服務中心網站 http://www.indigen.fju.edu.tw/article/art_03.htm。

　　賽夏族的矮人祭，分為迎神、祭典、送神三個不同祭典的過程，其迎神、送神各為一天，祭典跳舞則為三天晚上，共計為五天的矮人祭大典。賽夏族在祭典期間，有幾項禁忌：(1)千萬不可觸怒矮靈。(2)必須在身上和物品上結繫芒草。(3)把綁在身體上的芒草解掉。(4)不可拿鎗、動刀、毆鬥，以及爭執等。(5)不可殺害他人的牲畜。(6)孕婦不可參加祭典。(7)任何人不得侮辱祭典。(8)不能隨便將祭典歌詞錄音。(9)族人要聽從酋長和主祭者的訓言。(10)遊客要遵守該族的禁忌事項。矮靈祭是賽夏族祭儀中唯一超越部落地域的祭儀，是全族共同參與的盛大祭典，時至今日，矮靈祭已儼然成為賽夏族的象徵，賽夏族與矮靈祭幾乎可以畫上等號，足見矮靈祭在賽夏人的文化經驗中的重要性。

　　另外，達悟族認為飛魚是天上賜給他們的魚，無論捕撈方式都有一定的傳統，「飛魚祭」當天，族人就把色彩鮮明的雅美舟，排列在海邊，參與的族人頭戴銀盔、身穿丁字褲、橫紋衣，做招來飛魚的手勢，就能大豐收，接著由長者下令殺牲禮，將血流注碗內，每人輪流以食指沾血，擦拭在海邊的軟石上，以祈求健康捕魚順利。

　　「猴祭」為卑南族最特殊的祭典，其用意在慶祝新年，參加者為十至十六歲的少年，主要的目地為訓練體魄，增強膽識與服從的精神，傳統的猴祭需由每個卑南少年用竹竿刺殺活生生的猴子以培養膽識，如今則是改用草紮成的模型代替。

表一　台灣原住民各族的重要祭典活動，介紹如下表所示

族群	祭典名稱	舉辦意義	舉辦時間
泰雅族	祖靈祭[39]	泰雅族的祖靈祭是敬奉祖先，祈求祖靈賜福保佑之意，分長老訓示、口述歷史與呼喚祖靈三大部分。泰雅族人認為人一生行為舉止都應接受祖靈之考驗，死後若能魂歸祖靈之家，則是至高的理想。	每年七八月
阿美族	豐年祭	阿美族豐年祭如同漢人的「過年」，祭典充滿信仰與民族色彩的人文活動，強調慎終追遠，敬老尊賢，並藉著歌舞同歡達到軍事訓練的目的。	每年七八月
魯凱族	豐年祭	主要的意義在每年收割後，部落居民會舉行一連串的祭奠活動，祈求感謝上天帶來農作物的豐收，並順道祈求上天賜予平安，是屬於一種綜合性的祭典。	每年七月
布農族	打耳祭	打耳祭又稱射耳祭，是布農族全年之中最大的祭典，不僅是宗教的節慶，也同時具有社會教育及政治的意義及功能。通常在四五月，月亮稍缺時舉行，祭日於凌晨開始，祭司召	每年四至五月

---

[39] 劉還月編（2001）。台灣原住民祭典完全導覽。台北：常民文化，頁57。

集全村族人限男性及男童參予祭典，男童射耳儀式，希望他們早日能成為一位神射手，打耳意義有強烈的團結教育精神，並有氏族為基層的派系主義，對外表示射敵首，對內為團結友愛的象徵。

排灣族	收穫祭	收穫祭在排灣族語的意思是「過一個年」，通常被外人誤解為豐年祭，其本意是感謝神靈的眷顧，給神過年之意思，並作為一個年度的終止或開始的分界。祭典內容主要由祭司主持，並將收穫的小米入倉，選播種用的小米、吃新米等活動，目前大部分改為康樂性的活動，如歌謠比賽、射箭比賽等表演性節目。	每年七至十一月間
鄒族	北鄒的「戰祭」，南鄒的「子安貝祭」主要是祭拜祖靈	鄒族又分為「北鄒」、「南鄒」，其祭典完全不同。鄒族每年都會舉行「瑪亞士比」的祭典，原本是在戰士出獵歸來、男子成長儀式或房屋落成時舉行的祭典。現在各村每年定期舉行，將祭天神、祛邪祈福及成年禮合併一起。祭典中的《近神曲》、《送神曲》等祭歌尚保留著鄒族的古語，聲調悠長緩慢，氣氛莊嚴神聖。	每年二月

卑南族	猴祭	猴祭又稱為海祭，祭典前兩日先前往海濱捕魚，並朝蘭嶼方向遙祭帶小米種子到人間的兩位神祇，回程時則分為少年男女，及青年男女二組展開盛大舞會，會後在社區舉辦摔角活動，長老則坐地觀賞，飲酒品評，意態悠然自得，近年卑南人非常有心的經營傳統祭奠，使得儀式祭典儘量以還原傳統風貌為主。	每年七至八月
賽夏族	矮靈祭	傳說中賽夏族人曾殺害教導他們農耕播種的矮黑人，導致癘病流行，矮靈祭乃是賽夏族人為了請求矮靈的原諒與賜福，而舉行的祭儀活動。祭典分三階段進行，其中迎靈和送靈儀式，甚為莊嚴肅靜，因此禁絕外人參觀，而中間娛靈一段，則可開放讓來賓共同歡樂。	農曆十月兩年一小祭，十年一大祭
達悟族	飛魚祭	飛魚祭的時間頗長，大約在每年捕撈飛魚的季節舉行，主要的用意在祈求捕魚的平安與感謝捕魚的豐收。	每年三至六月

邵族	豐年祭[40]	是邵族所有祭典中最隆重的一項，主要意義也是在感謝神靈的賜福與平安，春石的樂音是一大特色，不論豐年祭舉辦多久，結束那天，族人必須通宵達旦歌舞、飲酒，直到次日早晨。	農曆八月

　　原住民的祭典常被誤認為是豐年祭，例如鄒族的「馬亞氏比」（Mayasvi）與小米收成一點關係也沒有，而是勇士征戰凱旋歸來或修建男子集會所（Kuba）時才舉行的祭典，整個儀式過程莊嚴、肅穆，絕非如觀光客以為是熱鬧、歡樂的祭典。因為，即使是豐年祭，在歡樂的氣氛中也有虔誠、嚴肅的一面，它更是部落的長老藉著祭典將祖先的歷史、智慧、人生哲學傳給下一代的社會儀式化過程。

　　台灣是一個多元文化的社會，在台灣的每一種文化都是我們台灣的在地文化，都是極為珍貴的資產，台灣原住民各族豐美的多元文化更是台灣珍貴的在地資產，和我們有無法分割的關係。我們應該尊重、欣賞各種文化，並且拓展多元文化的生機與活力，沒有必要刻意分割、排斥，甚至去除任何一種在地的文化。例如，學校應配合少數民族節慶而舉辦相關的活動，或是舉行民族藝術、生活文物的製作，展示或教學等，以積極促進學生和不同文化接觸的機會。培養所有學生能和不同語言、不同族群、不同宗教的人一起工作和生

---

40 同註39，頁116～117。

活的能力。學校在介紹各種遊戲、舞蹈和活動給學生時，應將文化的淵源包含進去。

雖然原住民族文化只是台灣社會型態特殊的文化模式中的一種，但是，對另一型態文化的了解，將會提高我們對自己文化深入研究、剖析的能力，因為，這一種強烈的對比會使我們改變原有的立場，創造一種新穎而又富於生命力的自我批判精神和自我意識，進而更了解、接受、容忍、尊重各種族群與文化的「差異」。

八、如何對待不同族群的文化

從以上各節的介紹，我們不難窺見台灣各族群的多元文化風貌。那麼，我們究竟應該如何加以對待呢？在一九九〇年代以前，我們政府似乎比較執著於同化（assimilation）或融合（melting-pot）的政策，也就是認為漢文化比較優越，因此要求原住民學習國語、改善生活習慣，並以定耕取代游耕，結果原住民的教育程度是提升了，生活習慣是改良了，可是他們的語言文化也逐漸消失了，自我認同也迷失了。再以同是漢族的閩南人和客家人而言，也因著「國語文政策」的實施，閩南語、客家語也有逐漸流失的現象。換句話說，同化、融合的政策，會削減台灣的多元文化資產。

更重要的是，族群與族群之間，如果以偏見和歧視相互對待，那就更會造成族群的對立、社會的不安。一九七〇年代以前的美國和一九九〇年代以前的南非，就是典型的例證。

在台灣，其實也潛藏著族群偏見和歧視的例子。大體上來說，在一九七〇年代以前，外省族群挾其語言、文化和政治上的優勢地位，難免看不起閩、客族群，而閩、客族群對外省族群當然也就會產生一定的抗拒和疏離感。至於漢族和原住民族之間，偏見和歧見更是普遍存在。漢人對原住民的「刻板印象」是教育水準較低、貧窮落後、不求上進、愛喝酒、喜歡唱歌跳舞、不喜歡拼命工作等等，而原住民對漢人的「刻板印象」則是聰明、狡詐、侵略性強，只愛賺錢不懂生活等等，可見彼此的觀感是負面多於正面的。

　　到了一九九〇年代以後，無論政府或國人，都已逐漸了解「多元文化主義」的重要，逐漸接受多元文化主義的觀點。例如，提倡母語教學和鄉土教學，允許原住民恢復傳統姓名，增劃編原住民保留地，重視本土文化發展，消除學校教育中對原住民的污名化敘述，把原住民歷史正式列入台灣史……等，這對於化解族群對立，當有一定的功效。

　　當代學者對於多元族群與多元文化，大都採取多元文化主義的主張，這些主張更值得吾人參考採行[41]：

㈠尊重族群差異

　　台灣既然有所謂「四大族群」，每個族群的文化內涵又

---

[41] 但昭偉、蘇永明主編（2000）。文化、多元文化與教育。台北：五南。

王希（2000）。多元文化主義的起源、實踐與限性。載美國研究，2000 年第 2 期，頁 45～80。

都各有特色，那麼我們何不相互承認並尊重彼此之差異？學者楊格（I. M. Young）等認為，傳統的自由主義者只強調個人乃至族群在公領域的自由平等，至於私領域則不予過問干預，但是顯然忽略了社會結構的不公所造成的宰制，故無法實現真正的自由平等，我們應該反對強勢族群的宰制，尊重弱勢族群的差異存在。尊重差異並不會導致社會的分裂，因為，「差異」本來就存在；相反地，反而可以由於「尊重」而增進各族群的和諧。尤其應該消除由於隔閡所造成的偏見，才能化解族群間的緊張關係。更進一步而言，台灣正因為同時擁有這麼多「不同」的文化，才使得我們有機會相互欣賞學習，取長補短，增加文化永續發展的活力。漢唐之世，佛教文化傳入中國，與中華文化並存，最後變成中華文化的重要成分，而中華文化也因佛教等「異文化」，而豐富了它的內涵與生命力，這即說明異文化並存共榮的好處。

(二)肯認族群權利

就台灣原住民族而言，他們無論在血緣體質、語言、社會結構、歌舞、祭典乃至風俗習慣各方面均與漢族不同，但並不表示他們的智力就一定比漢族差。那麼，他們在學業成就、工作成就上又為什麼會輸給漢人呢？學者泰勒（C. Taylor）等認為那是長期以來社會結構不公所造成的。簡單地說，無論是日據時代的日本人或是台灣光復以後的漢人，由於人多勢眾，又控制了政治、經濟權力，形成一種宰制霸權，長期對原住民進行壓榨、剝削，才使原住民淪為長期的弱勢。

因此，如果要還給原住民公道，協助他們發展，就應肯認他們的原有權利，包括生存權、自主權等等。

學者金利卡（W. Kymilicka）等認為，作為一個「族群」更應享有「集體權利」。簡單地說，作為一個「原住民」（個人），固然應該享有與漢人一樣多的權利，例如人身自由、言論自由、工作權、財產權和選舉權等等，可是作為一個「原住民族」（群體），則還應擁有文化權、土地權、自治權等等。文化權是指使用母語、恢復傳統姓名、重建部落、重振傳統祭典等權；土地權包括增劃編保留地、恢復「傳統領域」概念等；而自治權則指劃定自治區，設立自治政府等。這種「集體權利」正是世界新興人權的一部分。

㈢族群自主選擇

任何一個族群，對於自身的命運與前途，究竟何去何從？比如說，它究竟是要走「發展」的道路？還是走「保育生態」的道路？究竟是要走「現代化」的道路？還是在「保存傳統」的道路？究竟要「自我發展」？還是要「融入主流社會」？凡此種種，都應該由它自己做決定、做選擇，這也是一種「民族自決」（national self-determination）。

根據多元文化主義的理念，我們應該尊重少數族群的自主選擇權。因此，如果原住民選擇「要恢復母語」，則政府應協助其推行「母語教學」，如果它選擇「原接受更多的教育」，則政府應規劃課業輔導、升學優惠（如降低錄取標準、保障名額等），使其擁有更多的升學機會。在澳洲、紐

西蘭等國，更設有「少數否決」的制度，也即凡是牽涉到原
住民族基本權利的事務，原住民族可以擁有否決權，這更能
保障其自主選擇。

㈣強調公平正義

　　弱勢族群既然因強勢族群的霸權宰制，而長期處於被剝
削、被壓榨的地位，甚至隨著土地、母語的流失，族群的生
存也面臨了重大危機。那麼，現在應如何恢復整個社會的公
平正義呢？學者羅爾斯（J. Rawls）認為首先應該強調社會的
公平，也即將各種機會（包括教育、工作等機會）向所有的
人公開，讓每個人（不論是哪個族群的成員）都有公平的機
會參加競爭，獲取報酬。其次，如果需要進行差別待遇，那
麼應該是要讓弱勢者獲得最大的利益。換句話說，傳統自由
主義者只強調在公領域的自由平等，那是不夠的，因為經過
長期的宰制，弱勢族群的成員根本無法與強勢族群的成員展
開「公平的競爭」。因此，必須在公、私領域都給予弱勢族
群更多的協助和優惠，才能真正地實現公平正義。

㈤主張協商式民主

　　由於弱勢族群處於政治、經濟上的弱勢，甚至是人口上
的少數，因此，如果依照「多數決」的民主規則，強勢族群
必可藉由「多數」來取得繼續宰制的合法性和正當性。因此，
歐陸許多國家如比利時、瑞士等國，就以「協商式民主」
（consociated demoeracy）來處理這種問題，對於族群間的爭

議或衝突，不以表決而以不斷協商、妥協、折衷的方式，來
尋求雙方「雖不滿意，但可接受」的方案。一九九〇年代初
期捷克和斯洛伐克的「和平分手」，和九〇年代末期北愛爾
蘭的「和平協議」，就是在這種方式下達成的。

　　當然，協商式民主還有其他做法，例如有些國家採用
「比例代表」的方式來進行，也即讓弱勢族群擁有「一定名
額」的國會議員席次，甚至特別設立一個「民族議會」，由
各族群選出一定比例的人員組成，目的在使少數族群擁有更
多參與公共決策的權力。有些國家則結合各族群的政黨，形
成一個政黨「大聯盟」，進而共組政府，以示共同執政之
意。另外，像前述澳、紐等國給予原住民族「少數否決
權」，也具有協商式民主的精神。

　　以上這些多元文化主義的觀點與行動，不僅適用於對待
原住民族，而且也適用於閩南、客家和外省族群。例如客家
人有其特殊的客家語言、民俗、山歌，而且這些文化也都正
在流失之中。身為「主流族群」的閩南人，也應尊重這些客
家文化的差異，肯認客家人復興客家文化的權利。同樣的，
如果外省族群喜歡講國語，強調「中華文化」，那我們是不
是也應尊重其選擇呢？

　　更進一步而言，在多元文化主義的發展史上，「族群」
一詞的意義已不斷地擴張，今天所謂的「族群」，已不僅僅
指「弱勢民族」，也可以指「性別」、「宗教」、「階層」、
「年齡層」、「地域」等。因此，以下幾章所談的，都是多
元文化的一環，也都適用這些多元文化主義的原則。

參考書目

王嵩山（2001）。台灣原住民的社會與文化。台北：聯經。

台灣節慶鹽水蜂炮 http://www.gio.gov.tw/info/festival_c/index_c.htm。

江玉祥（民88）。中國影戲與民俗。台北：淑馨。

米甘幹・理佛克（2003）。原住民文化欣賞。台北：五南。

行政院文化建設委員會（2004）。文化台灣──新世紀、新容顏。台北：遠流。

行政院新聞局（1994a）。中華文化在台灣(5)──書法。台北：行政院。

行政院新聞局（1994b）。中華文化在台灣(18)──舞蹈。台北：行政院。

行政院新聞局（1994c）。中華文化在台灣(7)──建築。台北：行政院。

行政院新聞局編印（1994）。中華傳統文化在台灣。台北：匡華。

但昭偉、蘇永明主編（2000）。文化、多元文化與教育。台北：五南。

吳炳輝著（民89）。台灣古厝風華。永和：稻田，頁231。

吳騰達（民85）。台灣民間陣頭技藝。台北：東華。

吳騰達（民88）。家將團員的心理歷程。載於台灣傳統雜技藝術研討會論文集。台北：國立傳統藝術中心籌備處。

呂理政（民84）。布袋戲筆記。台北：台灣風物雜誌社。

李乾朗（民88）。古蹟入門。台北：遠流，頁48。

房義安文、嚴志雄譯（民 84）。論朱銘。載於郭繼生編選，台灣
　　視覺文化。台北：藝術家，頁 151。

林茂賢（民 90）。台灣傳統戲曲。台北：國立台灣藝術教育館。

邱彥貴（2001 年）。台灣客家地圖。台北：城邦，頁 118。

夏本‧奇伯愛雅（1994）。吃魚的方式與過程。載於周宗經，雅
　　美族的社會與風俗。台北：台原，頁 37～43。

夏美寬（1997）。要求名字的主人。台北：人光，頁 265～274。

徐正光（1991）。徘徊於族群和現實之間。台北：正中。

符芝瑛著（民 88）。今生相隨──楊惠姍、張毅與琉璃工房。台
　　北：天下文化，頁 273。

莊永明（民 83）。台灣歌謠尋根音樂 CD。上揚有聲出版公司。

陳彥仲等（民 92）。台灣的藝陣。台北：遠足文化。

陳郁秀（民 85）。音樂台灣。台北：時報文化。

陳郁秀（民 92）。台灣音樂閱覽。台北：玉山社。

陳國寧（民 89）。台灣交趾陶與產業展望。載於國立歷史博物館
　　出版，以手築夢──台灣交趾陶藝術，頁 38～50。

曾喜城（1999）。台灣客家文化研究。台北：國立中央圖書館台
　　灣分館，頁 160～167。

曾逸昌（2003）。客家概論。台北：曾逸昌，頁 254～255。

馮輝岳（1999）。客家謠諺賞析。台北：武陵，頁 150。

黃文博（民 89）。台灣民間藝陣。台北：常民文化。

黃俊傑等主編（2002）。台灣的文化發展。台北：台大出版中
　　心。

黃宣範（1993）。語言、社會與族群意識。台北：文鶴。

黃淑芬執行編輯（民 84）。宋江陣。高雄：高雄縣立文化中心。

歌謠百年台灣　http://udn.com/SPECIAL_ISSUE/CULTURE/TAI-WAN100/story001.htm。

南瀛觀光資源網　http://travel.tnhg.gov.tw/index.php? act=show&sid =16&tab=05。

謝俊逢（1993）。客家話與山歌。載於台灣客家公共事務協會編選，台灣客家人新論。台北：台原，頁 164。

謝德錫編著（民 89）。細說布袋掌中乾坤。台北：北市教育局。

第三章

性別與多元文化

　　如果我是女生的話，我一定要當個漂漂亮亮的女生，如果長的不漂亮就不會有人喜歡。女生和男生的差別可大！……。女生長大了以後，要當家庭主婦忙得要死，要洗碗筷、洗衣服、照顧小孩子、煮飯，還不只這些而已，還有很多事情要做呢！還好我是男生，不是女生，不然我就死定了！

　　　　——台灣國小中年級男學生寫「假如我是女生」

　　如果我是男生，我會很高興，因為長大了以後，我能為國家貢獻很多事情，……。如果我是男生我會很勇敢的保護我們全家，我覺得男生很有勇氣，因為男生會保護我們國家，還有男生就像是樹很勇敢，女生就像是樹枝很脆弱。我真的沒想到男生會那麼的勇敢、偉大……。

　　　　——台灣國小中年級女學生寫「假如我是男生」

　　上述兩段小學生的作文摘錄自民國八十九年教育部所發行的《國小中年級兩性平等教育補充教材教師手冊》。中年級國小學童的語言使用雖然童稚且未臻成熟，但其表達卻是單純不矯飾、直言不諱。在他們所寫的文章段落裡，我們可以看出國小學童對於男生女生的專屬特質、男女生應當做的事及男女生涯發展的演變已經有一套隱然成形的刻板看法，甚或是價值判斷了。

　　而我們可進一步思索的，是什麼樣的原因讓國小學童都

一面倒的覺得當「男生」比當「女生」好呢？男生真的天生比女生偉大、有價值，來的寶貴嗎？以及女生要漂亮、男生要勇敢這樣的性別特質要求到底源自何處？而如果一個女生不漂亮，一個男生不勇敢，一個女生不愛男生，一個男生不愛女生，或是一個女生卻愛把自己打扮成一個男生，一個男生覺得自己的「女性靈魂」錯裝在「男性軀殼」內時，我們該如何看待？還是這一切差異的要求、期待及評價其實是人類自己創造發明出來的規範及標準？而人們只是一代一代未經反省的繼續遵行，而這樣的規範及標準其實是不公平的，我們要如何加以改變？

一、男女真的有別嗎？男女真能平等嗎？

1.弱者，你的名字是女人！

　　十六至十七世紀初的英倫才子莎士比亞（William Shake-speare）是當時最著名的劇作家和詩人，恐怕也是當代最知名的西方文學要角。他在劇作中所寫下的台詞往往成為傳頌千古的名句，其中大家耳熟能詳的一句便是「弱者，你的名字是女人！」。

　　但女人真是天生的弱者嗎？與莎士比亞同國籍的二十世紀女作家吳爾芙（Viginia Woolf）顯然不認為如此。她曾經寫過一篇《莎士比亞的妹妹》來顯示女人之所以被稱為弱者，被視為弱者，並非天生自然，而是因為受到巨大社會的壓迫

所致。

在這篇故事中，她假設莎士比亞有一位文學才情同他一般高的妹妹，但是這位同樣具有天才之資的妹妹在故事裡卻沒有機會如他哥哥一樣，成為聲名財富俱有的當代名人和名流千古的文學家。在故事裡，吳爾芙頗為細膩的描述到：

> 她沒有機會學文法和理則學，更不消說讀霍瑞斯和魏吉爾了。她偶然間會撿到一本書，也許是她哥哥的書，就讀了幾頁。但是這時她的爹媽進來了，要她補襪子，看看鍋裡煮的東西，不要對著書本和紙筆恍恍惚惚的。

由上可知，這一位聰明的女孩想讀書或寫作時，便會被她的父母親用各種方式攔阻妨礙，但這攔阻妨礙表達的並不是這對父母親對女兒的忽視，相反的，它所代表的是這對父母對女兒的愛護及關注，因為他們深刻的了解當時女人的生活條件。奪去女兒心中的智性之苗和手中的創作之筆，便是希望他的女兒能遵循傳統的婦女腳步，成為一個社會上稱許的「好女人」，能在社會上生存立足，不被視為異端怪類，遭受鄙夷歧視。因此他們嚴厲的壓抑女兒，讓她不能展現呈顯在智性上的天才。

在那個年代之中，育養子女、處理家務才是女人唯一能做的工作，也是責無旁貸應該做的事。一位女子須以她的父親、她的先生為首，她是不能為自己決定什麼的。英國十九世紀著名的詩人丁尼生曾在一首題為〈公主〉的詩裡，這樣

寫道：

> 男人在田間勞作，女人在家中操持；男人弄刀舞槍，女
> 人縫製衣裳；男人用腦思考，女人用心體諒；男人發號
> 施令，女人惟命是聽；若不是這樣，一切都將陷入混
> 亂。

　　這短短的幾句詩精準道出了父權社會運作的規則、男女
須遵從的刻板特質及男女分工的準則，即男主外、女主內。
莎士比亞的妹妹也一直是遵守著父親的命令的，直到被父親
逼迫嫁人。為了這一樁不合乎自己心意的婚事，她的天才開
始燥熱地鼓動她逃離，出去闖一闖。但這一個「不以男性發
號施令惟聽」的舉動，雖然在某種程度象徵宣示了她的自主，
但同時也使她背離這社會對一個女性鋪設好的生涯軌道，挑
戰了父權對女性的控制。而這一個自覺逃婚的舉動，為她的
人生投下了什麼變數呢？讓我們將故事繼續讀下去。
　　這位天才少女逃到城鎮後，想像她的哥哥一樣，去劇院
當一名伶人，她想發展自己感到有興趣的事，且最切實際的，
養活自己，但戲院裡的男人當著她的面嘲笑她：「沒有女人
可能做個好伶人！」她在技藝方面得不到訓練，也無法賺錢
謀生，更同時發現偌大的城鎮竟沒有她可以自由活動的空間。
吳爾芙在故事寫道：「她能夠在小酒館中吃飯，或午夜在街
上閒蕩嗎？」她的生活陷入了絕對的困窘，失去男人的女人
在社會上沒有立足之地。

　　戲院的經理人這時可憐了這年輕的女孩（也許也只是給她一口飯吃吧！），同時也讓她懷了孕，這位天才少女發現後，陷入了瘋狂，在寂靜的午夜了結了自己的生命，因為一個女孩在當時「未婚懷孕」是一件多麼令人不恥及無法接受的事呀！且這巨大的壓力都將由這位少女孤伶伶的承擔，而不是那位戲院的經理人。從這也可以看出「女性應保有貞操」這個觀念的確也是父權社會創造出來挾制婦女思想及形塑婦女行為模式的有力武器。回顧莎士比亞妹妹短暫的一生，細思她的種種遭遇，我們可以看見父權的控制網綿密不絕，它絕不用大張旗鼓，大聲嚷嚷，但效果一樣邪惡驚人。

　　吳爾芙以她豐富的想像力及深刻的批判思維鋪陳了這一個寓意深遠的假想傳記，讓我們在讀完之後，可赫然了解女性天才為何人數如此稀少，為何世界史中的英雄豪傑皆是男性，原因可能不在於女性天生比男性愚笨，才能低下，而在於整個社會文化對女性的壓制及規範，而當這個壓制和規範運作的如此細緻又互相效力之際，就算是具有天才之資的女人最後也可能被逼迫到自殺的境地。

2. 先天的還是後天的？

　　一位虛擬的十六世紀英國天才少女傳記讓我們理解了女性與男性的特質、志趣、成就差異可能皆非天生自然，而是由後天的社會文化建構所造成的。以下援引性別研究的理論進一步闡明性別如何定義及性別差異從何而來。

　　一般性別的研究理論，都會區分性（sex）與性別（gender）的不同。性是屬於生物學的詞彙（又稱生理性別），一個人可以藉由性器官及基因來判定她／他是女性或是男性，換言之，基本上男性與女性在生理上是有所不同的。至於性別（又稱社會性別）相較於性則是心理學上或文化上的語彙，它代表社會對男性或女性的期待與評價（即性別角色），或者是個人對自己是「男性化」或「女性化」的一種主觀感受（即性別認同）。

過去的社會，人們直覺的認為既然男女性在「生理」上有所不同，那麼，在性格、氣質、能力、行為特性等各方面也「應該」是不同的。因此，許多人會慣性將他所看到或經驗到的男性或女性差異歸咎為是「生物性」的原因。但是，目前有關的性別研究指出，兩性在性格或行為上的差異，大多是「社會建構」的產物，亦即是經由社會化歷程、社會性期待、個人認知信念系統、社會歷史結構所制約、形塑出來的。性別的差異主要是由「人」或「制度」所建構的，而不是來自生物學上的[1]。

人類學家米德（M. Mead）曾經針對三個部落進行田野調察，發現部落之一的人群無論男女都非常溫和良善，且喜愛小孩；部落之二的男女性別特質及性別分工則皆與一般社會相反，其性別特質為女強悍、男嬌弱，性別分工為女主外、男主內；第三個部落則男女皆強悍凶狠。由此可知，性別特質的差異、性別角色的扮演的確常是藉由社會力形塑而成，

---

1 黃麗莉主編（1999）。跳脫性別框框──兩性平等教育教師／家長解惑手冊。台北：女書文化。

誠如法國知名女性主義作家西蒙·波娃（Simone de Beau-voir）所云：「人不是生為女人，而是變成女人（One is not born a woman, but rather become one.）。」但是在許多社會之中，卻由於人們心態觀點的固著，造成了性別刻板印象的生成及思考，而忽略了個體之間的差異在最初可能並非如此之兩極。

3. 柔弱 VS 剛強──性別刻板印象

在談及性別刻板印象（stereotype）之前，我們可先了解「刻板印象」一詞的涵義。所謂「刻板印象」是指社會或個人對於某一特定群體中的人，有一組簡化的、僵化的且過度類化的看法。比如我們認為客家人就一定是「刻苦節儉」、原住民就一定是「喜愛唱歌跳舞」，宗教人員就一定是「禁慾神聖」的，但這些刻板印象大多不是真實的，因為它常常犯了過度簡化或過度誇大此群體的特性，且忽略了各個成員的異質性。因此，如果我們拿「刻板印象」來預測或期待團體中任一成員的行為特徵，將產生極大的偏誤。

至於性別刻板印象則是有關男人或女人性格特質的一組結構化的信念。例如女性是溫柔的、體貼的、情緒化、他人取向的；男性是冷峻的、剛硬的、理性的、自主的。性別刻板印象可分兩個層次來檢視，一是巨觀的層次，即社會文化的層次，例如社會規範中期待女性要被動安靜、溫柔體貼，期待男性主動積極、堅定剛強。另外一個則存在個人的認知信念系統中，例如某人會對自己說：「我是女性，要溫柔被

動，不可以太主動爭取。」或「我是男生，要堅定剛強，不可以哭。」等。社會文化層面與個人認知信念系統兩層面之性別刻板印象會交互影響、交互型塑、相互強化。

如上一段落所示，個體間的心理及行為特質在最初時差異並不多，但是社會上既存的性別刻板化概念，卻不斷地影響個人的性別角色行為，且在社會學習與互動中不斷受到強化。例如，父母對於不同性別的出生嬰兒即給予不同的「標籤」。研究發現，出生嬰兒的父親只被允許在醫院的育嬰房外觀看嬰孩，母親也只有簡單的摟抱、餵養動作，父母親與嬰孩的互動是非常之少的，但是當雙親向親友描述嬰兒特徵時，明顯地會把女嬰形容成柔軟、脆弱、嬌小、輪廓美好、笨拙、注意力不集中、漂亮、細緻；把男嬰形容成堅硬、協調、警覺、倔強、強壯等；事實上，男女性出生嬰兒在許多生理特徵上並不分軒輊。但父母眼中男女嬰出現如此大的不同，主要都是父母順著心中既存地性別刻板印象將嬰兒貼上標籤的結果。而社會上對於人們特質與行為的描述，大多也是相同的貼標籤效應[2]。

而性別刻板印象危害最深的一點在於限制了個體人性的自由生長，造成了性別的歧視與偏見。如有一位男性與女性皆主動的尋求性愛及擁有活躍的性生活，男性可能就會被視為是「風流瀟灑、性能力強」，成為眾男性豔羨的對象；但女性卻可能反而招致「水性楊花、淫蕩下賤」這樣不堪的評語，這種對男女同樣行為卻採不同標準來評價解讀的現象，

2　同註1。

我們稱它為「雙重標準」（double stander）。「雙重標準」的存在不但表現出性別刻板印象，也常常一併造成了性別歧視與偏見，形成對女性的壓迫。

我們可以說僵化的性別刻板印象及不公平的「雙重標準」框住了我們的眼界，限制了我們可能的志趣及能力發展，使我們失去盡情探索各面向自我的可能。

4.「性別平等」的爭議和真義

在提及「性別平等」一詞時，常有人會懷疑或認為性別是不可能平等的，因為男女天生就不一樣，怎麼有辦法「平等」呢？

在這樣的論述中，如果我們再進一步思考，會發現這邊是把「平等」當成「一樣」來解讀。但事實上，「性別平等」的真義並不是要把「女性和男性變得一樣」，「性別平等」的重點在於「使女性與男性的發展機會權利一樣」，使個體不因其性別而招致壓迫或權利受損[3]。

「平等」基本上是人類創構出來的複雜概念與理想。較為通俗的平等觀念可以說是「齊頭式的平等」，如建造廁所時，一般採取的策略是男生女生兼有，且面積一樣大，設備一樣多，但是現在人類已發展出更為精緻的平等觀念，即「在差異中求平等」。如美國婦運健將貝蒂・傅瑞丹（Betty Fri-edan）認為：「『性別正義』是要男女能受到『不相同』卻『相平等』（differently yet equally）的待遇。」這「不相

3　同註1。

同」卻「相平等」的「性別正義」要求，即呈現出此種平等觀。承接上面建造廁所的例子，經研究發現，女性上廁所的時間來的比男性長久，因此若要達到更合乎實際現況的平等，女性廁所的空間及設備都應比男性為多，才不會造成女性廁所常常大排長龍的現象，也能改善女性憋尿及浪費太多時間等待的困境。

在追求理想社會的過程中，由於會對於舊社會或舊觀念進行革新挑戰，難免發生「新舊」間的衝突，而由於「性別平等」這樣的觀念挑戰的是根深蒂固、行之已久的「父權體制」及隨之而來的「異性戀霸權」，因此衝突更是巨大而全面，但我們不要忘記「性別平等」追求的最終極目標乃是性別關係的「和諧」狀態，且此種「和諧」絕不再是過去那種「上位—下位」、「支配—順從」、「主體—附屬」的不平等關係下的假和諧[4]，追求過程中的爭執、衝突需要我們以耐心、智慧來看待及消解。

二、台灣的性別不平等現場關照

截至目前為止，我們已了解性別差異的生成多是後天社會文化建構而成，但隱含在文化之中，或人們認知系統裡的各種性別刻板印象、性別角色期待卻常常是貶抑女性、抬升男性的，如要女性「嫁雞隨雞，嫁狗隨狗」，要男性「功成名就，飛黃騰達」。這些因素混合交織，促成了女性的不利

4　同註1。

地位和處境。以下援引近年來官方的統計數字，分析解讀台灣女性及男性的處境落差。

1.「是個女嬰，要不要拿掉？」

民國九十年台灣嬰兒的性別比例為 108.7，亦即 100 個女嬰出生比 108.7 個男嬰，高於正常的生物值 105～106 間（意即若未有人為生殖科技介入，在自然的情況下，100 個女嬰出生應比 105～106 個男嬰）。上述數據顯示在台灣重男輕女的觀念作祟下，搭配生殖科技的運用，有許多小女嬰在未見到世界前就被墮掉了[5]。

2.女生讀便宜的公立學校，男生讀昂貴的私立學校！

民國九十年底的台灣不識字率，男女分別為 1.4%及7.1%，相距頗多，主因是女性老年人口不識字比率較高[6]。而得知這樣的訊息不是要告訴大家老年的女性不識字率高，知識水平低落，而是要顯示父權體制的運作在過往也顯現在男女受教機會的不均等上。那現在的情況如何呢？

就民國九十年的數據看來，除了最高等的研究所及博士班之外，公私立教育機構女學生人數所占比例都是高於或略

5 參考劉毓秀，台灣女性人權現況分析：全球化與女性角色交集下的困境及其出路思考。國家政策季刊，行政院研討會，2002 年，12 月，頁 91。

6 參考饒志堅、賴秀玲、蔡惠華、王玉珍，我國性別統計及婦女生活地位之國際比較研究，行政院主計處，2003 年，4 月，頁 37。

高於各年齡層的比例，顯示一般女性的教育機會已達男女平等。但若再進一步分析可發現，私立幼稚園女生比例低於公立幼稚園，私立國小、國中女生比例低於各年齡層人口中女性比例，其中又以私立國中情況最為嚴重，男生為女生的 1.3 倍。這顯示了父母親在學前教育上傾向讓女兒上平價的公立幼稚園及學校，而較願意花錢讓兒子上昂貴的幼稚園及私立國中小[7]。

3.國家教育資源的不公正分配

接下來看高中職及高等教育的階段。

民國九十年公立高職男生人數為女生的 1.22 倍，公立專科和公立大學男生各為女生的 1.13 倍，且以修習科技類系為主，而這些科技類系的每一學生國家投資額皆高於多為女生就讀的人文社會科系[8]。

至於九十年研究所碩士班男生為女生的 1.78 倍，畢業人數男生為女生的 2.20 倍，博士班男生為女生的 3.39 倍，畢業人數男生為女生的 3.64 倍。可見研究所層級以上的高等教育，男女生的人數比差距愈多[9]，這顯然和社會對男女期待不同有關。一位女研究生曾經表示，她與她的弟弟同一年投考研究所，結果她順利考取，弟弟落榜。但她這位上榜的人面臨的不是恭喜，反而是長輩右一句，左一句的質疑：「女生

7　同註5，頁91～92。

8　同註5，頁92。

9　同註5，頁93。

讀那麼多書幹嘛？小心嫁不出去。」可見目前社會中，女生一般的教育機會雖已取得，但是社會對女生讀書深造的態度仍是與男生有一段差距的。

4.職場的性別歧視，就業女性收入仍低於男性

民國九十年，台灣女性勞動力 398 萬人，勞參率為 46.1%，低於 2000 年美國的 60.2%、日本的 49.3%、香港的 49.1%、南韓的 48.3%、新加坡的 55.5%。女性勞參率的低落將有損國家整體經濟發展[10]。

同年台灣女性非勞動力 465 萬人，以料理家務、求學及準備升學為主要原因，分占 57.3% 及 22.7%。由此可知因婚育辭去工作者仍然偏高，而這將造成這些婦女的經濟地位脆弱[11]。

民國九十年，女性就業者之最大群落為服務業員工（63 萬 8 千人），平均月薪為 26,108 元，是男性員工的 68.26%；次大群落為批發零售及餐飲業員工（52 萬 8 千元），月薪為 28,490 元，是男性員工的 87.31%；第三大群落為製造業女性職員（33 萬 8 千人），月薪為 35,376 元，是男性的 65.36%。整體女性受僱者平均每月收入僅 28,167 元，是男性（37,778 元）的 74.56%[12]。

至於收入較高的雇主及自營作業者僅占女性就業者

---

10 同註 6，頁 44。

11 同註 6，頁 42。

12 同註 5，頁 95。

10.15%，遠低於男性的 28.56%。女性受雇者占女性就業者
74.68%，高於男性的 68.38%，影響所及，有酬就業者女性每
月收入為 28,542 元，是男性 38,715 元的 73.72%。因此普遍
來說，女性就業者的月收入仍大幅低於男性就業者[13]。

5.婚後跟誰住？家事誰來做？

　　民國八十七年未婚者與父母同住比率兩性差異不大，均
在八成以上。但婚後，情況便有了很大的轉變，由數據來看，
同年已婚男性與父母同住比率為 32.9%，遠高於已婚女性之
2.1%，顯見我國婚後仍以父系家庭為主[14]。台灣女性在現下
的嫁娶制度中，結婚後多要離開自己的原生家庭，與自己熟
悉親切的環境及擁有的人際關係、人脈資源做一切斷；而進
入夫家、為人媳婦表示是一外人且又是小輩，常要面臨適應
新環境及來自長輩的巨大壓力。

　　至於結婚之後，依據民國九十二年的資料，家事九成以
上還是由女性為主要負責人，男性僅占 6.9%。丈夫承擔家務
的比率隨妻子就業及年齡層下降而漸增，男性平均每日 1 小
時，且無論就業與否差異不大，女性未就業者為 3.4 小時，就
業者 2.2 小時，且此數據不包括細瑣的育兒工作[15]。

---

[13] 同註 5。

[14] 同註 6，頁 23。

[15] 同註 6，頁 23～24。

6. 年輕女性缺自信，老年女性生活乏保障

民國八十八年台灣十二至十七歲少女對「滿意自己的身材儀表」以「非常同意」與「同意」占 65.44%，比少男76.25%低了 10%。至於以「不同意」和「非常不同意」的少女有 34.5%，比少男 23.75%多了 10%[16]。可見青少女相較於青少男對於自己的儀表更易感到焦慮及不滿意。

而對「覺的自己是一個很有自信的人」，表示「非常同意」與「同意」占 54.26%，比少男 66.35%少了 12%。表示「不同意」和「非常不同意」的少女占 45.74%，比少男33.59%多了 12%[17]。可見有幾近一半的青少女對於自己缺乏自信心。

年輕的女性在自我的感覺上容易感到焦慮及缺乏自信，老年的女性則是在實質的生活上缺乏經濟資產的保障。民國八十九年六十五歲以上的女性只有僅四分之一（27.48%）有房屋或其他不動產，男性卻有將近一半（45.54%）握有房屋或不動產 [18]，相較之下，有高比率的老年婦女陷入經濟困境之中。

7. 樂於參與社會服務的女性，是政治參與的弱勢

民國八十四至九十年，政府積極推動志願服務的工作，

---

16 同註 5，頁 109。

17 同註 5。

18 同註 5，頁 100。

其中登記志工的人數 5.9 萬人，女性 4.1 萬人，占了七成[19]。
但是樂於參與社會服務的女性，卻是政治參與的弱勢。

民國九十年，女性立委當選者約只占五分之一
（22.16%）。而「只選一人」的各項選舉，如總統（民 89
年）、院轄市長（民 91 年）、縣市長（民 90 年）、鄉鎮長
（民 91 年）的女性當選比例更是嚴重偏低，分別為 0%、
0%、8.7%、5.9%[20]。

8. 女性占暴力犯罪受害人之多數

民國九十年，暴力犯罪女性受害人數 10,862 人，比八十
九年的 7,695 人增加了 41.2%，而女性受害人更占全部受害人
的 69.27%，幾已達七成。其中強制性交案件女性被害人 2,132
人，占該類案件被害人比例高達 96.24%[21]。台灣女性為暴力
犯罪受害人的絕大多數是不可置疑的事實。

總結來說，台灣女性在父權體制運作下，其公民權利相
較於男性仍未被完全保障，發展機會仍然受到許多有形及無
形的規範及偏頗的價值觀限制。但相較於三十多年前，今日
台灣的大多數婦女擁有獨立自主的思想，在家庭婚姻內也開
始受到平等的尊重，於社會上的發展機會也日漸開闊，這些
豐碩的成果是怎麼來的，似乎與奶奶時代中的「裹小腳」及

---

[19] 行政院內政部統計資訊服務網 http://www.moi.gov.tw/w3/stat/home.
asp。
[20] 同註 5，頁 87。
[21] 同註 5，頁 109～110。

「女子無才便是德」相距甚遠，享受豐碩果實的我們，且翻開台灣婦女運動的歷史書寫，來一趟深度婦女運動之旅吧！

三、台灣婦女運動的發展

十八世紀女性基本權利的關注點燃了第一波婦運的風潮，第二波婦運則在美國「新女性運動」的激流下，播衍成為世界性的風潮。當然台灣在此風潮下也未置身事外，從日據時代的一九二〇年代開始，台灣婦女解放意識即萌發了新芽[22]。

一九四九年隨著國民政府遷台後，第一波婦運風潮使台灣婦女的接受教育、婚姻自主、出外就業、投票參政的權利都有基本保障，不少二次大戰後成長的婦女有機會受到高等教育並積極參與社會活動。但因台灣社會的專制與父權結構的根深蒂固，以及婦女將社會對女性的壓迫歸咎於身為女人的宿命思想，使得憲法所保障的婦女基本權利，在現實生活中沒有落實，更使得憲法上的男女平等的保障成為空文，無法解決婦女在現實生活中的問題[23]。

---

[22] 楊翠（1992）。為台灣撐起一片天空——日據時期的台灣新女性。台灣史田野研究通訊，23，頁 19。

[23] 李元貞（2003）。台灣婦運——百草千花的躍動。主計月刊，571，頁 39。

1. 第一波新女性主義啼聲初試的婦運史

翻開當代台灣婦運的歷史，呂秀蓮在一九七〇年代所提出的「新女性主義」，被認為是戰後婦運的啼聲初試。一九七一年，呂秀蓮自美返國，適逢男尊女卑的意識型態自隱而顯的搬上檯面，當時大學聯考放榜剛過，「保障男生名額」與「如何防止男生過多」的呼聲正高，她乃將〈傳統的男女社會角色〉的文章，在聯合報副刊中連載八天，約莫五、六百字的文章看來不甚起眼，也未引起太多的關注，一年後，作者受邀以「男性中心的社會該結束了吧」為題到台大法學院演講，不但引來空前爆滿的人潮，報章雜誌也熱烈報導。從此，呂秀蓮成為「新女性主義」的代表，也由此展開台灣第一波婦運的鮮明旗幟[24]。

「新女性主義」主張「先做人再做女人」，抨擊台灣社會男尊女卑的現象，呼籲女人走出廚房、參與社會。成立「拓荒者」出版社，出版婦女問題書籍並舉辦「男士烹飪大賽」、女人「廚房外的茶話會」等有趣活動，也舉辦過婚姻、夫妻財產制度、女工、娼妓等問題座談會，且設立「保護妳專線」服務夜歸婦女。

呂秀蓮所提倡的「新女性運動」，在言論與做法上相當溫和，受到當時報紙媒體與一些開明男士的支持，卻因為社

---

[24] 顧燕翎（1987）。女性意識與婦女運動發展。中國論壇，23(11)，頁41～51。

會風氣的保守而受到一般民眾的攻訐。她的出現讓台灣第一次將「婦女問題」浮上檯面，並給台灣社會傳統的「男性父權中心」一次迎頭痛擊，再藉由全球婦女運動脈絡推展出來的張力，凸顯出台灣婦運的相對迫切性。

2.第二波婦女新知的婦運史

　　一九八二年李元貞繼呂秀蓮而起，成為第二波婦運的代表。在當時消費者運動如火如荼推展之際，「婦女新知雜誌社」，成為台灣戒嚴時期唯一的婦運機構。努力將女性由「落後」、「自閉」及「附屬」的狀態，推向「前進」、「開放」及獨立的性格，她們提出「女性自覺」的觀念，以作為推展婦運的關鍵性基礎，強調作為一個現代女性必須了解現代社會不斷變遷的狀況，只有訓練女性獨立自主的能力，才能適應社會潮流，解決自己切身問題[25]。

　　婦女新知對所有婦女相關的議題可謂是全方位的關注，並且扮演觀念及意識上的喚醒和教育的角色。從一九八三年開始更陸續推出許多活動，以實際的行動推展婦運，譬如在一九八三年的婦女節，推出「八三三八婦女節」為期五天的大型活動，在婦女的潛力與發展的前提下，推出「婦女健康」、「突破兩性教育的呆版模式」、「大眾傳播中被扭曲的婦女形象」、「婦女生活攝影展」、「婦女雜誌展」、「中國女權運動介紹」以及「婦女與消費者運動」七項展覽、

---

25 李元貞（1986）。婦女運動的回顧與展望。婦女新知，53，頁4～6。

演講和座談會等[26]。

李元貞深切體認婦女運動的成功，必須仰賴社會整體性的女性自覺及自主性社團的成立以推動各項活動，因此鼓勵並協助「晚晴婦女知性協會」、「婦女展業中心」、「婦女研究室」及「主婦聯盟」等婦女社團的成立。足見此時已脫離呂秀蓮時期個人運動中心的色彩，走向以團體發展的運動層次，讓婦女運動真正成為女性的集體行動[27]。

3. 第三波解嚴後大地動的婦運史

一九八七年解嚴之後，婦女團體集結了三十一個團體走上了街頭，發動「反對販賣人口——關懷雛妓」行動，不但是婦女團體第一次集體抗議女性人權被剝奪而走上街頭，也創下歷年參與社團最多的民間抗議活動，不僅是婦女團體空前大聯合，也是民間自主團體聯合行動的創舉。

同年，四個重要的婦女團體相繼成立[28]，這些團體在從事傳統的服務和救助性的工作外，更積極的參與政治，藉著推動相關法律的修改和制定以及監督政府政策，尋求改善婦女在台灣的地位。此階段的婦女運動打破了以往由婦女新知

---

[26] 張輝潭（1995）。台灣當代婦女運動與女性主義初探——一個歷史的觀點。國立清華大學社會人類學研究所碩士論文。

[27] 翁秀琪（1994）。我國婦女運動的媒介真實和社會真實。新聞學研究，48，頁204。

[28] 四個婦女團體分別是：新環境主婦聯盟、進步婦女聯盟、台灣婦女救援協會以及由雜誌社轉行為基金會型態的婦女新知基金會。

獨撐的困境，正式進入多團體齊頭並進的輝煌時代，然婦女團體因彼此間的異質性，也開始出現了路線之爭。

　　回首過去的婦運歷史，在人力、財力極度窘迫的惡劣局勢下，由於婦運成員的堅持、奉獻，不斷地吸收同志，變換策略，才能略為突破父權體制與傳統文化的天羅地網，發出女性的聲音，使得一向被漠視的女性議題、私人權力關係得以轉化為公共論述，婦女開始學習如何由私領域走向公領域，如何將切身經驗明確的說出來，化為高深的法律，經由民法親屬編的修法運動，學習到政策的決定及立法的形成，使婦女不再畏懼政治，不再消極忍受和等待，而激發出長期以來被壓抑的潛能，沛沛然蔚為一股不可漠視的力量，而這一股力量正是社會進步的原動力，更是父權社會解構與重建兩性平等新秩序的原動力。

　　雖然依聯合國婦女人權公約之標準，台灣婦女人權仍不及格，建構兩性平等、尊重、尊嚴的社會，路途尚遙遠，但是只要社會能對父權體系有所反省，並且婦女能夠覺醒，則婦女人權的提升將是指日可待！

　　隨著婦運的豐碩成果，性解放與女同性戀發聲的議題逐漸浮出檯面，在九○年代尚稱保守的台灣社會，同性戀妖魔化、病態化言論充斥民間，如何跨越僵化的性別框架，看見異性戀的其他可能呢？

四、同性戀、雙性戀的多樣愛情

　　嚴格說來，同性戀、雙性戀議題一直存在於所有人類的社會。古羅馬及古希臘文明有許多的詩歌和哲學著作描述這種性取向；而台灣在一九九〇年代以前，同志議題大都來自媒體的寰宇搜索或異國風情式的抹黑或色情化。因此，在異性戀的世界裡常認為同性戀及雙性戀是不存在的。

　　依據性學權威金賽博士的保守統計，同性戀至少占全球人口的 10%，而這種對同性戀、雙性戀議題的不可見性，與社會中存在的同性戀恐懼症[29]（homophobia，簡稱為恐同症）有密切的關係。恐同症的雙胞胎兄弟是「強迫異性戀主義」（compulsory heterosexism）或「異性戀沙文主義」（heterosexism chauvinism），這群人共同的特徵是「畏懼與同性戀及雙性戀沾上邊」、「把所有人都當成異性戀」，並且認為同性戀及雙性戀是一種疾病且需要接受治療。

　　是什麼原因讓我們罹患恐同症，原來是異性戀思維下的當然結果。我們成長的過程中，處處充滿了異性戀的腳本，百貨公司的櫥窗、電影的看板總是訴說異性戀的愛情故事。因此，成為櫥窗中著美麗禮服的新娘子，嬌滴的依偎在英俊挺拔的男主角身邊，從此過著快樂的日子，成為許多人的當然夢想。且在成長過程中，父母總是告誡著：「好好努力讀

---

[29] 同性戀恐懼症是對同性戀的否定態度和信念，伴隨著不舒服、害怕和生氣，它經常導致歧視行為及對同性戀的污名化。

書，將來好能嫁個好老公！」，似乎青春年華的歲月裡，總在儲存精力及本錢，期待將來過著神仙似的異性戀生活，從未想過異性戀的其他可能，也就是說，這些想法是社會建構而成的。因此，同性戀恐懼也成了生命歷程中隱形而自己卻無法覺察的當然思維。可怕的是，複製的歧視教育，總是在當然異性戀思維中代代的傳承著。

　　在現實生活中我們常常聽到否認同性戀或雙性戀的說詞：形影不離的青少女不是同性戀，只是手帕交；可能是非純女校的環境造成，不是「真的同性戀」，它是「假性的同性戀」、「情境式同性戀」，這種對同性戀的一路否認到底，什麼都不算是同性戀，就算是，也只是「暫時的」。還有一種定義是精神醫療專家常說的：「同性戀是在身體上、心理上和社交生活上，都對同性有強烈的慾望」，這個定義聽起來似乎較中性，但仔細探究，仍存在極力縮小同性戀的範圍，這樣的定義同性戀當然變成極少數了[30]。

　　假如仿照專家客觀的說法來定義異性戀，那麼異性戀就應該是：「在身體上、心理上和社交生活上，都對異性有強烈的慾望。」所以，即使看見甲女與乙男友有說有笑、出雙入對，也不能確定他們到底是不是異性戀，因為：第一，得先確定他們兩人是否在身體上、心理上和社交生活上，都慾望對方。如果他們還沒上過床，沒有身體關係，那就不算是真的異性戀，可能只是「假性異性戀」；第二，假如他們是公司同事或同班同學、日久生情的話，那麼可能是「情境式

30 張娟芬（1998）。姊妹戲牆。台北：聯合文學，頁31。

同性戀」；第三，如果他們後來分手了，那就證明他們大概
只是「暫時性異性戀」[31]！

　　依據這樣嚴苛的定義，「純純的愛」不是異性戀；「近
水樓台」不是異性戀，結婚多年的夫妻不是異性戀，因為他
們早就不行房了，哪有什麼「身體上慾望對方」，許多已婚
的夫妻也可能不是異性戀，因為許多妻子與男人享受肉體歡
愉，但是與女人建立親密情感的，她在心理上並不慾望那個
粗線條的男人。處男處女也沒有性，不是異性戀，花花公子
心理有性無愛，不是異性戀，相隔兩地的情侶因為社交圈不
在一起所以也不是異性戀，再這樣繼續討論下去。誰才是真
正合格的異性戀，恐怕是打著燈籠也找不著的。

　　因此，如果依據對同性戀「資格審查」的嚴苛定義來看
待異性戀，異性戀也是極少數。很顯然的異性戀霸權決定了
正常與不正常，自然與不自然。同性戀的定義與其問專家的
意見，還不如虛心傾聽同性戀族群的聲音，他們的生命故事
就是最好的定義。再者，如果異性戀不用請示專家，同性戀
又何須多此一舉呢！

　　許多同性戀議題的文章，花了很大的篇幅討論同性戀形
成的生理、心理及社會因素。事實上，到目前為止，要為同
性戀找出一個成因是不可能的，且成因的探討反而強化民眾
誤認同性戀是疾病的觀點，帶給同性戀更多的污名化[32]。

　　再者，先天及後天因素的探討都會對同性戀及雙性戀者

---

[31] 同註30。

[32] 王雅各（1999）。性屬關係——性別與文化再現。頁 232～233。

產生不利的後果。持先天論者相信同性戀的大腦結構和異性戀者不同，因此運用科技的發展，在胚胎或形成胎兒時就可以偵測這種差異，使得很多胎兒成為恐同症下的受害者。而相信後天論者則一味的認為，同性戀及雙性戀的行為是後天學習的結果，因而更畏懼合法化的同性戀婚姻會造就更多的同性戀人口，形成反對同性戀婚姻合法化、企圖改變同性戀的性取向；或者根本避談同性戀的話題等歧視迫害同性戀的行為。而常見的歧視及偏見如下：

1.同性戀及雙性戀是不是不正常？

一九七三年，美國心理衛生學會將同性戀從心理疾患中去除，因為同志除了喜歡的對象與異性戀不同以外，並沒有任何差別，應該也可以過得很快樂很幸福。但有些同性戀和雙性戀之所以過得鬱鬱寡歡，通常是由於社會的不友善環境造成的，和同性戀本身並無關聯。

以性取向觀點來，異性戀是社會中的多數，同性戀及雙性戀是少數，但是「多數」與「少數」並不等同於「正常」或「不正常」，就像左撇子、原住民、客家人都是少數，但我們卻不會說他們不正常，正常是一種相對的概念，對同性戀來說，喜歡同性才是正常。

2.同性戀是不是不自然？是不是變態？

我們常聽到許多人以「同志的愛無法繁衍下一代，因此違反自然」的觀點來歧視同志，但事實上仔細思考，究竟什

麼是自然？什麼是不自然？如果說「自然而然的發生，非人
為刻意改變的」就叫自然，那麼同性戀再自然也不過了，因
為同性戀是人生下來就決定的，是上帝與自然的旨意，並不
是經過後天人為改造的，更何況自然界中有許多動物也有同
性戀的現象，那麼它們是否也叫不自然？

　　如果從自然界的觀點來討論，就算同一種生物也會呈現
多元面貌，如果種族趨於一致，可能會因自然界的多變而面
臨絕種，換句話說，符合自然法則應是多樣化的生命樣態。

　　再者，如果硬以會不會繁衍出下一代來論斷自然與否，
那是不是又是淪落了「正常」、「不正常」的迷思，是不是
又是欺壓弱勢族群的手段？以現在有許多單身貴族、不生小
孩的家庭甚至是那些性功能失調或不孕症的人，是不是也該
被歸類於不自然，是不是也該被剝奪愛人與被愛的權力？我
們應該重視的是愛的本質，是兩個人在一起快不快樂，至於
要不要繁衍下一代是當事者自己的事，只要有自由選擇的權
力。

3.如果全世界都是同性戀，人類不就絕種了嗎？

　　首先，不可能全世界的人都是同性戀，性向是常態分配
的，每個人有自己的喜好。更何況，同性戀自古以來就存在
了，人類也沒有因此而絕種。另一方面，許多同性戀也很喜
歡小孩子，隨著時代與科技的進步，現在要讓一對同性戀人
甚至單身的人擁有自己的子女也早已不是問題了。

4.同性戀的成因為何？有沒有可能「變回」異性戀？

造成同性戀和異性戀分野的原因目前仍然不明，常聽到同性戀出自破碎家庭、缺乏父愛、感情受挫、受到性侵害……等，好像把同性戀視為不得已的二流選擇，異性戀才是最好的，換言之，質問同性戀的「成因」，其實就已經將他病態及妖魔化了。或許恰當的思考方式，應是質問「同性戀是什麼原因造成」的同時，也公平的質問「異性戀是什麼原因造成」。

再者，如果不認為同性戀有何不好，不再假設異性戀才是「正軌」，就沒有所謂的「變回」的問題了。也就是說，不管同性戀或異性戀經驗，重要的是愛上「那個人」而不是那個人的性別。因此，同性戀不是疾病，不需治療也不是可以改變的。

5.男同志是不是都娘娘腔，女同志是不是都是男人婆？

所謂娘娘腔和男人婆是指性別氣質超越傳統對男女刻板印象的界定，以往對同性戀的刻板印象是「男同性戀都是娘娘腔」、「女同性戀都是男人婆」，其實這樣的思維是以偏蓋全的刻板化印象偏誤，因為男同性戀也有陽剛者，女同性戀也有陰柔者，同性戀在成長過程中，比較不會受傳統性別框架所限定，而更具剛柔並濟的兩性氣質。

再者，娘娘腔及男人婆是一種充滿歧視語言，國內校園還因為這樣的偏見形成校園暴力。因此，請善待身邊的娘娘

腔或男人婆，身為性取向的少數族群，成長過程是充滿嘲弄與備嘗艱辛的，請在可能範圍內，助她／他們一臂之力，免得在無形中成為校園暴力的幫兇！接著也要邀請讀者進入校園同志現場，關照校園同性戀學生的真實處境。

五、校園同性戀學生的處境

1.傳達對同性戀恐懼的校園氣氛

民國八十九年高雄縣高樹國中葉永鋕的意外死亡，有各種不同的版本死因推測，但無論是因個人滑倒、有人捉弄或傷害而致死，都和他的性別氣質發展沒有獲得應有的學校適當對待、同學接納和教育行政體系的關注有關。他自升上國中以來，在學校生活中被老師與同儕認為是有「女性氣質」傾向的小孩。

葉永誌的聲音比較細、講話時會有「蘭花指」的習慣性動作、喜歡打毛線和烹飪、比較常和女同學在一起。這樣的性別特質並非不正常，卻由於同學的性別刻板印象而受到同學的性別歧視和暴力，包括怕上廁所時有人欺負他，害他不敢和一般同學一樣上廁所，只好經常提早下課上廁所。其中也因為這樣的特質，在一、二年級時被同學強行要求脫褲以「驗明正身」，其所遭受的同儕暴力其實就是一種性別屈辱和性別暴力[33]。

葉永鋕在校園中不但沒有享有基本人權及性別尊重，連

最基本上廁所的生理需求都被剝奪了。他所面臨「不敢正常地上廁所」的問題不但未得到校方關注與處理，甚至對強行於廁所與教室中脫褲的性別侮辱與性別暴力的行為也是淡然處之，認為「這並不是很過分，……也不是說，每次都這樣，他們只是好奇而已。」校方只對當事人口頭訓誡，並未加以適當的輔導，更未進一步了解問題的原因[34]。一個玫瑰少年的犧牲令人遺憾與不捨，但是否能因此終結校園暴力呢？又是否孩子隨著年齡的成長就能免除歧視與壓迫？讓我們進入高中及高等教育的校園，看看這群正處於性別認同階段的孩子，他們在校園的處境又會是如何呢？

　　民國九十年台北市某私立女中學生因同性戀身分曝光，校方召開操行成績評審委員會，以可能帶給其他同學不良影響為由，強制協助她辦理自動轉學。台北區某公立高中男學生被校方發現為同志身分，代表學校參與校外科學展參獲勝，但學校並未因功敘獎。該生的班導師極力為該生爭取，認為性取向與記功無關，但校方不與理會，最後將該生強制退學。近日某中學教官要同性戀學生抄寫《金剛經》轉性等等，在在都顯示校園充滿了同性戀恐懼[35]。

　　民國八十一年，某軍校發生五名學長輪暴歐打入學新生

[33] 畢恆達（2000）。從兩性平等到性別平等：記葉永鋕。兩性平等教育季刊，13，頁24。

[34] 同註33。

[35] 陳微君（2002）。兩性平等教育政策性別意涵的變遷：從同志平權運動談起。國立暨南教育大學教育政策與行政研究所碩士論文。

之案例，也有男性欲強暴女同性戀者以糾正其性向的案例，但由於當時同性戀並非法定的強姦行為，同時訴諸法律時，反使同性戀者面臨暴露身分的二度傷害。

　　民國八十九年某大學教授公開禁止參加同性戀社團的學生上他的課，且在校務會議中批評校內出現女同志地下社團等於在搞雞姦；民國九十一年北縣某國中座談會時，輔導主任表示很不喜歡別人說她們學校有同性戀學生，因為這表示她們學校辦學不好。某女同性戀者去學校圖書館，被人留字條罵「死同性戀」、「變態」等。筆者認為，這些種種的現象，在在都顯示校園氣氛是籠罩在一片同性戀恐懼的氛圍中，對校園同性戀學生而言，傳達的是負向的校園氣氛，將影響在大學階段的青年的性取向認同。

2.校園同性戀學生社團的困境

　　隨著社會風氣的開放，在九〇年代末期以多元的聲音劃破保守校園的巨大沈默，最早出現的校園同性戀社團是在一九九三年成立的「台灣男同性戀社」（Gay Chart）於一九九五年，「台大女同性戀文化研究社」也成為校園內第一個正式合法的女同性戀社團。而這兩個率先成立的同性戀社團，對其他學校的同性戀社團而言，無疑是一大鼓舞，但是在成立過程大多以地下社團為主，其中也面臨校方的阻力。

　　學校干涉同性戀社團運作的情形，包括拒絕學生所提出成立同性戀社團的申請，以及禁止地下同性戀社團於學校與網路活動。拒絕學生所提出成立同性戀社團申請例子包括：

民國九十年某大學教授於通識課程，邀請同性戀代表到校演講，演講結束學生醞釀籌組社團，結果傳出同性戀代課可能鼓動學生成立社團，校方對記者宣稱「不鼓勵、也不反對」，但私下對老師表示，該校是一所新的大學，有來自社區和父母很大的壓力，又說學校是學術團體不是運動團體，不該鼓吹同性戀。民國九十年某高中訓導主任表示，兩年前有學生提出要籌組同性戀社團被他阻止，如果有學生再來申請的話他也不會答應。禁止地下同性戀社團於學校與網路活動，最著名的例子是民國八十五年某科技學院，打壓校內同性戀社團。

　　學校之所以干涉學生社團運作的情形，是因為學校本身對於同性戀學生的偏見歧視，以及擔心會誤導未成熟學生「變成」同性戀，還有面臨來自社區及父母的壓力等。但是，國外的研究卻發現，籌組與參加同性戀社團，對於同性戀學生具有正面影響。

　　從以上的一連串事件，不難發現同性戀學生在校園所遭受的打壓及在暗櫃中無法出櫃的痛苦了。所謂「娘娘腔」、「男人婆」、「斷袖之癖」等等負面的價值評判，在今天傲稱尊重人權的世界，其實是可笑，或更是不可原諒的人身攻擊。根據醫學界的報導，人們的性別認同絕對不是單純的男女兩性而已，的確存在兩性以外的性別角色，雖然生物學家至今依舊無法確實證實，事實發生原因是否真的存在於性別染色體上，但是我們必須學會誠實面對兩性以外的性別，尊重他們存在的價值。

　　最近風靡一時的韓國變性藝人「河莉秀」議題,再度引起許多的質疑:「同性戀就是喜愛扮裝、都是些娘娘腔或男人婆,肯定有變性的慾望。」也常聽到人家問我:「是不是男同性戀都自認為是女生,所以才喜歡男人;女同性戀自以為是男人,所以才去喜歡女人?若是這樣的話,那他們乾脆通通都去變性好了!」究竟同性戀跟變性慾有什麼樣的差異?以下試著進入跨性別的討論視野,一窺跨性別的真實面貌。

六、性別越界中的跨性別議題

1.什麼是跨性別?

　　「跨性別」(Transgender; TG)這個名詞在台灣或許還是一個不熟悉的概念,一般來說,是指變性慾者(Transsexual; TS)、扮異性症者(Transexua; TV)、女扮男裝或男扮女裝(Cross-Dress; CD)、CC GAY 及雙性人(intersexual)[36]。換言之,「跨性別」其實是一個跨越性別的泛稱,正是含括

---

[36] 變性慾者是只對本身性別不滿意,而希望透過手術方式改變性別者。扮異性症者是一種醫學論述,指需穿著異性服裝而產生性興奮者,但不代表個體希望變性或是同性戀者,其實大多數的扮異性症者都是異性戀。女扮男裝或男扮女裝是較為日常的用語,只穿著異性服裝,不像TV較有疾病批判的意味。CC GAY 中的「CC」是英文「sissy」的簡稱,意指娘娘腔,在台灣男同志社群中「CC GAY」用來指一群具備陰柔性別氣質的男同志。

了從「易服（扮裝）」到「（完全）變性」之間，可以任意選擇與認同、游移或駐留的性別空間。

因此，河莉秀不是同性戀，同性戀是某個人認同其本身所天生擁有的生理性別，只是喜歡相同生理性別的人。河莉秀是具有變性慾的人或是變性人，是自覺上天把靈魂裝進了錯誤的身體裡，雖然有這樣的生理性別，卻認同自己是另一種性別，進而想要變成自己所想要的樣子。

再者，一般人也常用「第三性」的說法來指稱跨性別者，第三代表超越性別二元的其他可能，但因近日與「第三性公關」連結，許多跨性別者不太能接受與第三性扣連的性工作污名，為避免雙重污名，許多跨性別者大多選擇避開這個用語。[37]

從以上的回顧，不難發現其實跨性別向來不是陌生的東西，八〇年代以男扮女裝崛起歌壇的喬治男孩，讓人想起小時後著迷的楊麗花歌仔戲、金枝玉葉的袁詠儀、東方不敗的林青霞，舉凡在電影中曾經演過女扮男裝角色的女星，無不為此成為大紅大紫的偶像，當喜歡這些雌雄莫辨亦男亦女的藝人！著迷她眉宇之間的英氣與舉手投足的瀟灑，如今回想起來，倒也不確定是喜歡她的演技還是她的性別易裝？

2.跨性別是男人？還是女人？是不男不女？還是又男又女？

柏拉圖在《理想國》的〈饗宴〉（*Symposium*）篇中提

---

[37] 何春蕤（2003）。跨性別。中壢：中央大學性／別研究室，頁8。

到，世界上原本有三種性別：男性、女性，以及雌雄同體（adrogynes）或稱為陰陽人（hermaphrodites）。因為第三性被憤怒的大神宙斯拆成兩半，所以注定了終生尋尋覓覓，追求失去的另一半。就如同柏拉圖說的：「宙斯把他們的私處搬到前面，讓他們繁殖後代，如果在彼此擁抱中，男性碰巧遇到女性，然後受孕懷胎，這個種族就可以延續下去。但是如果是男性與男性交配，那麼至少他們可以得到滿足，讓他們把精力放在日常生活上。」

從柏拉圖這段話，不但說明了性的起源和性別比例，同時也以最簡潔的方式說明了，從古希臘至今，各種不同的性吸引力與性別絕對二元的謬論。兩千多年之後，英國智者史密斯（Sydney Smith）也提出類似的觀點。

雖然如此，跨性別在傳統性別二元的社會體制中，最常遭遇的質疑就是「你到底是男人還是女人？」被質疑的時候，最常見的指責就是，「明明是女人還假裝男人」、「明明是男人還假裝女人」、「為什麼要欺騙人家」等等。這樣的論述其實已經事先預設一個截然二分的性別體制，才可能認定誰「明明是」什麼性別，而「欺騙」的說詞則已經斷然否定了跨性別者本身的立場和觀點。[38]

跨性別曖昧身體的固執現身，就是在宣告了兩性體制在上述預設中所施行的暴力和強制：跨性人不是假裝男人、假裝女人，「牠」們是拒絕只做「男人」、只做「女人」。跨性人更不是患了性別認同錯亂症，牠們只是積極的主動建構

---

[38] 同註37，頁373。

自身的性別表現而已。

因此,沒有「明明是」、「錯亂」及「謊言」的問題。因為,跨性別身體的曖昧多樣是無法被單一的性別刻板形象所窮盡的,跨性別身體超乎常識的自我形塑,更無法被任何固定的身分所凍結。

3.跨性人不是病態錯亂,而是人生的選擇

跨性別似乎擺脫不了同性戀的命運,跨性別的世界也充滿了病態概念,在一九八○年代,美國精神醫學學會在刪除同性戀為心理疾病的同時,也設立「性別認同障礙」(gender identity disorder)作為新的疾病範疇,性別焦慮症(gender dysphoria)[39],無法擺脫疾病的範疇與標籤,仍然進入以異性戀中心的性別二元框架[40]。

所以「性別倒錯」或「性別錯亂」是偏差及污名化的醫學論述,雖然有些跨性別者承受社會輿論的煎熬而心神不安,但別忘了這是社會壓迫他們而產生的罪惡感與重重的壓力,如果我們的社會能夠接納包容多元的跨性別者,心神不安自然不藥而癒了。因此,跨性別不是病態或錯亂,而是一種新的人生選擇及性別建構。

二○○○年南投埔里發現一隻罕見的陰陽蝶,左翅呈現

---

[39] 前台北榮總整型醫師方榮煌認為性別焦慮症包括:⑴變性慾者;⑵意裝症;⑶同性戀;⑷中性戀;⑸精神病。從以上分類來看,很明顯的跨性別仍然歸類在「性心理障礙的範疇」。

[40] 同註37,頁5。

雄蝶的黑紫色，右翅卻出現紅白斑點相間的雌蝶特徵，據專家描述，他們從來沒有見過雌雄合體的陰陽蝶，因為一旦被發現，接下來的命運就進入標本室，等著被出售了。想到這裡不禁毛骨悚然，其實跨性人在社會中的處境好似陰陽蝶，不是被斷然送入手術室整型以符合社會的性別面貌，就是在輔導系統或警察系統進行或善意或嚴厲的矯治，這種異性戀價值下的異類推斷，不僅不合乎人性，更將跨性別推入社會的底層而萬劫不復。

在歐美一些國家中，跨性別運動已經有相當的規模，而且正因為「跨性別」的複雜認同概念，跨性別文化呈現著熱鬧、蓬勃、多元的景象。跨性別者有各種支持團體、組織，也有雜誌、書籍、商店、組織及個人網站更是多不勝數，提供了不同程度及認同跨性別者各種支援及需要的滿足。

我們希望絕對不只是在校園裡教育學生，更盼望能透過大眾傳播媒體來發揮群眾教育的力量，教導社會大眾，尊重他人的性別、感情選擇權利，只要是在不傷害他人的前提之下，人人都是值得尊重與肯定的個體。也讓我們肯定與支持這群朋友，協助他們勇敢的面對自己，在燦爛的陽光下快樂的成長與學習，而能追求性別平等的新境界。

七、追求性別平等的新境界

1. 人人皆不同，差異造就多元繽紛

自人類有歷史以來，便已意識到不同的人群具有不同的宗教信仰和風俗習慣，每個個體更有性別與膚色的明顯差異。「多元」一詞可追溯到希臘文「Pletho」一字，意指相對於一元的雜多狀態，而這雜多的差異狀態，也正好造就人世間的多元繽紛，試著想像，若世界只有單一顏色，將是一幅多麼令人感到驚悚的景象。差異既能造就多元，成就繽紛，身為民主社會的一員，便應有肯認差異的素養及欣賞差異的眼光和胸襟。

在民主社會中，每個人依其自身才情、性格取向，自由揮灑成為社會繽紛色彩裡不可或缺的一塊，而每個人也不應因別人與自身不同，便認為其非我族類，將其標籤妖魔化，予以訕笑污罵，殊不知在這樣的過程裡，除了傷害別人外，也顯露自己的狹隘無知，更失去拓展自身視野及生命經驗的機會。

既然每個人的差異不是應當去除且是非常寶貴的，那在實際生活之中，面對難以破除，欲將人類二分進入僵硬性別框框的性別刻板印象及要求，我們要如何加以拆解破除，重新建立一個適切的性別態度，營建一個新的、平權的性別關係？以下便針對上面的提問討論追求「性別平等」及「多元

性別文化共融、共榮」社會的方式。

2.在「尊重」之外

民主社會之中，常可聽到有人會說只要人們「互相尊重」，一切便可「相安無事」，而「尊重」也的確是一個值得倡導的現代公民信奉價值及行為準則，但在現實權力關係不平等之下，為了「相安無事」，退讓無聲的常還是那社會中的弱勢族群。因此，為了不讓「尊重」這樣一個良好德行，成為父權體制及異性戀霸權掩蓋壓迫、粉飾太平的修辭用語，我們在講「男人、女人互相尊重」「尊重不同性慾取向」之餘，還必須有別的行動策略及操練方式，來改變轉化現行的性別刻板印象及性別歧視偏見。

打開性別的視窗，原來「無處不性別」

首先可從培養鍛鍊具批判力的性別意識開始。性別意識可簡單的了解為個人自身知覺到對於性別所持的信念、看法或評價。如最初的引文裡，那一位中年級的國小男學生，認為女生就應該要漂亮，要不然別人不會喜歡，或是女生長大之後，就是要做許多家事，以及還好她不是男生，不然她就死定了之類的言語，就是他的性別意識內涵，由此可知，每個人一定都具備某種性別意識，只不過這性別意識並不一定是具有反思及批判性的。

而具批判力的性別意識則是對於生活中的事物或事件可跳脫父權模式及性別刻板印象來思考，而在不疑處有疑，在人人認為理所當然的時候，再做進一步的思索。如一位具備

批判性性別意識的國小老師，在批改上述國小中年級女學生的作文時，針對「男生就像是樹很勇敢，女生就像是樹枝很脆弱。」這句話，可能就會除了讚美學生已會嫻熟使用比喻法外，也會去進一步予以這位女學生跳脫性別刻板印象的思考引導，如反問她：「女生真的都是如此脆弱嗎？男生真的都很勇敢嗎？」再列舉反例讓學生了解，女生、男生不一定都要有特定的模樣，男生脆弱是事實也很正常，女生勇敢堅強的也大有人在。

　　培養鍛鍊出具批判力的性別意識後，也會同時慢慢打開性別的視窗，透過對生活中大小事的觀察、反思（這些大小事或者是一句話、一幅圖、一個廣告或一則政見、一套法規、一篇新聞報導）將會赫然發現這是個「無處不性別」的世界。每一則小事、每一個小處其實都是充滿豐富的性別意涵的，如最簡單的，當你檢視自己的名字時，便可發現你父母對於你的「性別化」人格特質期待，以及照見這整個社會文化對於特定性別的固定設定及意涵評價。

身體力行，每個人都是促成性別平權的生力軍

　　在性別意識覺醒後，最重要的就是莫成為「思想的巨人，行為的侏儒」。有了性別平權的想法和觀點後，最需要的便是行動的實踐以及在生活裡的實際操演，而這也是多元文化論述與其他理論最不同也最重要的一項特點。

　　如每個人都可試試自己平常被認為做不到、或不應做的事，受壓抑的女性更可試圖反抗生活中你覺察到不公平的事項，如當家中同有兄弟時，父母卻都預期家事應該由你來做，

由你來學，你便可以加以拒絕並說明每個人不論男女都應有
照顧自己的生活能力，不應獨獨訓練女生，男生也應接受訓
練。在適當的時候，女生也不要害怕展現憤怒的情緒、面孔
和語調。在現行的社會規範下，女生自幼年起便被期待、被
教導要善解人意、溫柔婉約，以人際和諧為考量，而慢慢失
去表達憤怒及不滿的能力，但面對不公的對待時，一味的溫
柔可人可能並無法改變現實，權利若不爭取，是會沈睡消失
的。反抗、抗爭現有規範雖然可能會引起衝突及混亂，但也
正是社會轉化新生的契機。

　　而男性呢？男性在父權體制的運作下，看似一個既得利
益的優勢上位者，但也有文章指出，在這樣獨厚男性的制度
文化下，有些男性受的可能是外表看不出痕跡的內傷，難已
發覺，但處境也堪憐，以下將專段討論男性與性別平權推動
的關係。

3. 男性同胞的共襄盛舉

　　在追求性別平權的過程中，如上所述，需要的是每一個
份子的參與。但一般說來，世界各地發起及參與婦女解放運
動的常是女性，男性對於女性爭取權力這一運動，常常是未
表態或不予支持，甚至嗤之以鼻。但男性卻忘記，婦女運動
所討論的問題，不但與男性有關，甚至可說是男性製造出來
的，因此，在婦女解放運動最成功的北歐國家瑞典，不把婦
女運動稱為婦女運動，而將其設定為「性別角色的討論」，
以免男性置身事外或逃避責任。在瑞典，沒有人將婦女問題

看做是婦女獨有的問題，男人也不是站在協助的立場，他們認為這是兩性的問題，男女應該相互學習。所以有人認為，「婦女解放運動」應該稱為「兩性解放運動」，因為其不單把女人從傳統的角色中解放出來，也把男人從傳統的角色裡解放出來[41]。

　　男性在傳統父權制度下雖享有眾多好處，如備受重視及疼愛，但卻也被許多傳統束縛，承擔了許多壓力。譬如男生從小被教導要做大丈夫，有淚不輕彈，在別人面前絕不可以顯露出害怕、脆弱的表情，一定要非常勇敢、有學問、理性，不可以輸給別人，要養家活口，沒有能力養家活口的男人便被瞧不起。成功的路只有一條，便是專心發展事業，所謂成功的男人就是事業有成的。上述所謂的男性氣概還包括在性上面要非常勇猛強壯，主動控制。社會一再強調男人要有男性氣概，但卻沒有思考過男性氣概對男性有何益處？這樣刻板片面的男性特質要求是否也限制了男性潛能的各式發展？

　　因此我們需要明白，婦女解放運動或性別平權的推動，不僅女性受益，男性更是受益。性別平等的追求，社會正義的達成需要男性同胞共襄盛舉，一同參與。至於男性同胞可以如何著手呢？首先可以嘗試檢視自己的性別經驗，思索男性到底受到哪些性別文化的束縛及可以如何加以改變。再者更是關鍵的一步，即反省到自己的優勢地位和女性的劣勢處境，而不是僅止於看到自己受束縛、壓力大的一面。美國七〇年代回應女性主義而興起的男性運動，便有些團體陷入了這

---

[41] 施寄青（1998）。女生愛男生：兩性平等教育。台北：台灣商務。

樣片面的觀點想法裡，而無法再進一步成為追求性別平權的
重要力量。另外，曾有一位習讀心理諮商的男性表示，他個
人非常不願意父母親對他的過分疼寵及重視，因為這一方面
造成他極大的壓力，一方面使他和不受注意的妹妹間的關係
非常尷尬，無法和睦，他個人很痛苦，卻無法改變父母的想
法及做法。了解了疼愛重視和壓力束縛可能是一體兩面，放
棄過度的優勢地位，可能才是從束縛中掙脫的不二法門。

　　最後是重新思考和重新塑造男性氣概。男性同胞在辛苦
建造跟隨社會固定死板的傳統男性氣概時，不如讓自身隨個
性發展，不害怕多一些溫柔和關懷、少一些暴力和逞強，也
許才是更為迷人的新種男性氣概[42]，這種男性氣概不僅使男
性得到解放，也讓性別平權的推動更為成功。

參考書目

王雅各（1999）。同志平權運動。載於王雅各主編，性屬關
　　係──性別與文化再現（下），頁 229～258。

行政院內政部統計資訊服務網 http://www.moi.gov.tw/w3/stat/home.
　　asp。

何春蕤（2003a）。叫我跨性人──跨性別主體與性別解放運動。
　　載於何春蕤主編，跨性別。中壢：中央大學性／別研究室，
　　頁 372～375。

何春蕤（2003b）。認同的體現。載於何春蕤主編，跨性別，中

---

42 楊佳羚（2002）。性別教育大補帖（上）──教師基礎觀念大挑
　　戰。台北：女書文化。

壢：中央大學性／別研究室，頁 1～48。

李元貞（1986）。婦女運動的回顧與展望。婦女新知，53，頁
　　4～6。

李元貞（2003）。台灣婦運──百草千花的躍動。主計月刊，
　　571，頁 39～45。

施寄青（1998）。女生愛男生：兩性平等教育。台北：台灣商
　　務。

翁秀琪（1994）。我國婦女運動的媒介真實和社會真實。新聞學
　　研究，48，頁 193～236。

張娟芬（1998）。姊妹戲牆。台北：聯合文學。

張輝潭（1995）。台灣當代婦女運動與女性主義初探──一個歷
　　史的觀點。國立清華大學社會人類學研究所碩士論文。

畢恆達（2000）。從兩性平等到性別平等：記葉永鋕。兩性平等
　　教育季刊，13，頁 21～34。

陳微君（2002）。兩性平等教育政策性別意涵的變遷：從同志平
　　權運動談起。國立暨南教育大學教育政策與行政研究所碩士
　　論文。南投：未出版。

黃口麗莉編（1999）。跳脫性別框框──兩性平等教育教師／家
　　長解惑手冊。台北：女書文化。

楊佳羚（2002）。性別教育大補帖（上）──教師基礎觀念大挑
　　戰。台北：女書文化。

劉毓秀（2002）。台灣女性人權現況分析：全球化與女性角色交
　　集下的困境及其出路思考。國家政策季刊，行政院研討會，
　　12 月。

饒志堅、賴秀玲、蔡惠華、王玉珍（2003）。我國性別統計及婦
　　女生活地位之國際比較研究，行政院主計處，4 月。

第四章

宗教與多元文化

　　愛是我們共同的真理

　　和平是我們永恆的渴望

　　這是世界宗教博物館在其金色大廳中兩根金色馬賽克大柱上使用十四種語言所呈現出來的句子。愛與和平是各個宗教共同的精神，尊重每一個信仰，包容每一個族群，博愛每一個生命，在多元文化下的今天，人與人相處不再只是滿足於物質生活上的享樂，更希望能提升精神生活的層次，因此宗教即扮演了極為重要的角色。

　　綜觀人類文明史的過去與現在，宗教確實是人類社會的一種普遍現象。宗教的目的主要在溝通、建立以及促進人與神、人與人之間的關係，所以世界上大多數的民族皆有宗教信仰。儘管各宗教間的教義、儀規及傳教方式各有不同，卻均具備共同的使命與任務，其本質不外乎啟發世人的良知、勸人為善、淨化世人之心靈，期望能由消極的自我修為，進而提升自身性靈，達到敦世厲俗、匡正人心之積極功能。

一、台灣的宗教

　　台灣是一個宗教信仰多元的國家，不論是在繁華都市或偏僻小巷，我們都很容易看到各種不同類型的寺院、教堂、廟宇等建築，加上可能在你家附近就有神壇等，將台灣點綴成森羅萬象的宗教世界。

　　在眾多的宗教中，除了一般耳熟能詳的佛教、道教、天

主教、基督教、回教、一貫道教等宗教外，還有一些很多人可能聽都沒聽過的新興宗教團體。從這個場域中看來，台灣不僅能尊崇傳統信仰，也能敞開胸懷接受外來的宗教思想。如果將台灣的宗教文化形容為一個「世界宗教的櫥窗」也當不為過。

根據憲法第十三條規定：「人民有信仰宗教之自由」，亦即人民均本於自由意志，信仰任何宗教。又依第七條規定：「中華民國人民均無分男女、宗教、種族、階級、黨派在法律上一律平等」之原則，任何宗教均處於平等之地位，各自發展，因此，在台灣並沒有所謂的國教。各宗教除依其宗教儀規舉行各項宗教活動外，並本著「取之於社會，用之於社會」之原則，將信徒所奉獻之經費，用於推動心靈改革有關活動及興辦公益慈善暨社會教化事業，回饋社會，對於促進社會之安定繁榮及改善社會風氣頗有貢獻。

近年來，各方宗教的蓬勃發展，除了佛教、道教、民間信仰、天主教與基督教之外，還有藏傳佛教、回教、一貫道教、統一教等，也都在台灣這塊土地上擁有一片生存的空間。有人說台灣奇蹟是民主政治，有人說是經濟發展，現在看來，宗教的蓬勃發展，實在也可以算是另一種的「台灣奇蹟」！

二、佛教文化

1.源流與發展

佛教的創始者是釋迦牟尼佛，他捨棄尊榮的生活，步上出家的路途，終在菩提樹下，了悟真理，成為聖者，弟子尊為佛陀。為了傳播真理，他開始傳教，行遍四方，教化大眾不遺餘力。

佛教從釋迦牟尼入滅一百六十年的阿育王時代開始，就向印度以外的地區很快傳播開來。傳播路線約分為兩路：陸路由北方經中亞、西域而傳入中國，以後再發展至韓國、日本、越南等地，稱為「北傳佛教」，以「大乘佛教」為主流；水路由南印度傳入錫蘭，以後陸續發展到中南半島和南洋群島，至今錫蘭、緬甸、泰國、寮國與高棉，仍以佛教為國教，而以相對於大乘的「聲聞佛教」為主流，是為「南傳佛教」，又稱「小乘佛教」。此外，越過北印崇山，以祕密大乘為主流的中國西藏，另外開展出政教合一的「藏傳佛教」。

「藏傳佛教」政教合一的制度，活佛轉世的思想，即身成就的理論以及上師灌頂、繁複神祕的宗教儀式，都引起世人的興趣，因而傳播到相當廣泛的地區。目前在台灣之藏傳佛教團體，除「財團法人達賴喇嘛西藏宗教基金會」，尚有一些全國性社會團體，各種弘法活動、文物展等亦時常舉行，

便利大眾對藏傳佛教之認識與學習。

　　佛教傳入中國，始於東漢明帝永平年間（西元 68 年），不過據史書記載，秦漢之間，佛教已非正式地傳來中國。

　　在中國，佛教除了遭遇少數儒道人士迫害攻擊之外，一直就受到廣大民眾的信奉。魏晉南北朝的帝王及知識份子，普遍尊崇護持佛教，佛典漢譯在此時有了輝煌的成果。隋唐時代，佛教在中國更進入黃金時期，不但東傳日、韓，而且以玄奘大師為主導，完成第二波的譯經事業；大乘八宗，也在此時蓬勃發展；而中國文學深受佛經術語、體裁、風格的影響。印度聲明也促進了中國聲韻學的產生。在當時，佛教可說是在多方面豐富了中國文化的內涵，而成為中國文化的主導者。

　　台灣佛教史之展開，若就信實之史料來說，當自鄭成功東遷台灣開始。康熙二十二年八月，鄭克塽降清，於是台灣成為清朝版圖，海禁開後，佛教隨之大量流入。而在家居士對於佛教有修養者，多為明末遺臣，痛心亡國，不願再仕，乃變服為僧，或終身持齋，或終日誦經自娛，開台灣在家學佛之先河。

　　佛教雖然發源於印度，但是流傳中國已有一千九百餘年歷史，不但融合了中國文化，而且在教理思想體系上和教規制度儀式中，都發展出一套順應中國人的倫理道德、風俗習慣的中國式佛教。雖然宋明以來，受到理學家的強烈敵視與排斥，而被宗儒政客逼進山林，造成佛教與社會的嚴重脫節，但是日月終不掩其光華，近三十年來，又在台灣昌盛起來，

擁有相當多信徒，以及各種服務行善的機構，對台灣社會和民眾造成顯著的影響。

2.經典與教義

佛教的信仰，以「三寶」為依歸，三寶可說是教義的總綱。「四諦」，是以苦、集、滅、道四者，正確顯示世間生命的特性（無常故苦），世間苦迫的原因（業惑成集），消除苦迫的境地（涅槃寂滅），以及滅苦的方法（八種正道）。佛教有很強烈的平等精神，一切教法，以「緣起」為核心。緣起論，是佛教不同其他宗教的所在。所謂緣起乃是「此有故彼有，此生故彼生；此無故彼無，此滅故彼滅。」也就是說，一切現象都是由種種因緣湊合而生。佛教教法的目標不止於自己達到解脫，而是希望能度化眾生，所以不但要有對「三寶」的信願，對「緣起」的智慧，而且要具有「大慈大悲」的偏執，所以能夠長處生死之苦，卻能洞達生死的如幻如化而無懼。長此努力不懈，終將成佛，而達到出世而入世的圓覺境地。以下就佛教經典教義的內涵作一簡單介紹：

人人可成佛──眾生平等　佛教的信仰是以「三寶」為依歸，何謂三寶？乃指佛陀（Buddha）、達摩（Dharmma）、僧伽（Samgha），簡稱「佛、法、僧」。佛是教主，法是教義，僧是信徒。佛乃覺者，以覺悟真理而得名，佛又依佛法的教義建立僧團制度，所以三寶乃以法為中心。因此人若依佛所教示的方法而努力，則人人皆可成佛。

修行與解脫──修於內，行於外　佛教是以人的角度來

看世界的。佛教的人生觀是如實知道生老病死的人生現象。因為看到人生有生老病死苦，佛陀才出家修道、成道，並在成道後說法，幫助人類解決生老病死苦的問題。佛教以外的其他宗教與哲學，都認為人生有苦有樂，只有佛教認為人只有苦而沒有樂。佛教認為縱使有樂有喜，樂和喜的開始是苦，結束時也是苦，樂和喜只是中間的一點點。人生以生苦為開始，以死苦為結束，只有求解脫才能真正脫苦。

　　緣起性空——明心見性，見性成佛　一切的法是以「緣起」為核心，一切現象都是由種種因緣湊合而成的。佛法的核心在於實證無常、無我獲得解脫。空才是真正能夠使人了脫從始至終都是苦的人生。佛法講空，並非斷滅論的空，而是緣起性空。實證緣起性空，放下一切執著，便得解脫自在。也就是說，一切生命都是依種種因緣而流轉世間，眾苦交煎，但只要個人努力修持，消除致苦的因緣，就能獲得快樂，甚而得道成佛。

　　因緣果報——種福田，做美事　佛教談因果，有所造因，自然有它的果報。果報出現時，坦然地面對它，接受它，進而處理它。這樣的人生觀當然是面對現實的人生觀。關涉到處理，就是要加上因緣，加上因緣的努力，問題獲得了解決。這樣的人生觀不是消極地迴避問題，而是積極面對與解決問題的人生觀。佛教的因緣觀，是具有非常積極的人生意義。今生的富貴，是過去乃至現在善因的果報，所以一切都要從因上去努力。善因善緣和合了，人生就會很順利、很美好。

　　苦集滅道──八正道，解脫道　只要我們仍在三界以內，就還是凡夫，也就必然有嚴重程度不等的貪愛與無明：貪、瞋、癡，就算行為是善的，也會因對自我的執著而感覺世間的苦，無法達到出世解脫的聖者境界。而眾生就在煩惱、業集、苦報的循環中死死生生，流轉無已。相反的，煩惱若已除滅，則行為完全純淨，不再感覺世間苦報，這才能解脫生死流轉之苦，而實現涅槃的「究竟樂」，是為「滅諦」。但是煩惱不會無故消滅，它是生命根深蒂固的劣質，所以我們必須仰賴一些方法來對治它，這就是「道諦」。八種成聖的正道，缺一不可：

　　正見：正確觀見緣起真諦。

　　正思維：進而深切思維緣起真諦。

　　正語：不犯口過。

　　正業：行為正當（不殺、不盜、不淫）。

　　正命：有合法而又不違「護生」原則的經濟生活。

　　正精進：為止惡、修善、證得解脫而努力。

　　正念：專心繫念，以攝亂心。所念內容，則有益於斷煩　　　　　惱、證涅槃。

　　正定：定念成就，獲得定境；由於定心強大，能夠與觀　　　　　緣起的念慧相應，而證入涅槃。

　　儀規　佛教弟子有出家在家的區別，出家男眾名「比丘」，出家女眾名「比丘尼」，在家男女，分別叫做「優婆塞」、「優婆夷」。四眾弟子，因為生活方式、負擔任務的不同，奉行的儀規與守持的戒律，也各有差別。在所有儀規

中，為四眾弟子所共同奉行的是「皈依三寶」。每人在信仰佛教之初，必先舉行皈依三寶的禮儀，信仰之後，每日行儀也必須禮敬三寶。純正的佛教徒，不論是個人修持還是團體集會，都以禮敬三寶為根本。

在家信眾受持的是五戒，「不殺生、不偷盜、不邪淫、不妄語、不飲酒」共五條，其中比丘、比丘尼戒都有「斷淫欲、斷偷盜、斷殺生、斷妄語」等四條重罪。也就是前述不殺生、不偷盜、不妄語之外，澈底戒淫——獨身修行，以此四重戒為根本，修身心清淨。若犯四重戒，應被取消出家資格。不能持戒者可自由還俗，不受任何限制。

唸佛參禪　中國佛教寺院有固定的早晚功課，禮拜誦唸；另有短期的集體唸佛或參禪之類共修活動，如「佛七」（七日唸佛）、「禪七」（七日參禪）之類。這些短期共修往往有許多在家信眾參與。傳授出家或在家戒的各種戒會，更是受到佛弟子的重視。佛教重在身心的轉化，如何了斷生死，必須由心地上下工夫，佛弟子為了表達對聖者的恭敬，而有一些紀念性的法會活動；但這種法會，見賢思齊的意義大於求財祈福。

3. 我佛慈悲

佛，是梵語音譯佛陀的簡稱，意為「覺悟者」，是對澈底覺悟佛教真理的人的尊稱。覺有自覺、覺他、覺行圓滿之意。小乘佛教所說的「佛」，往往是專指佛教的創始者釋迦牟尼。大乘佛教除了專指教主釋迦牟尼佛之外則更加強調對

於佛法的領悟。認為只要掌握了佛法的真諦，無論是誰都能證悟成佛。因此大乘佛教所說的「佛」還泛指一切覺悟得道者。大乘教義認為眾生都有證悟佛教真理的可能，因此人人都能成佛。

常見佛的尊像，有現在世界釋迦牟尼佛像，西方世界阿彌陀佛像，東方琉璃光世界的藥師佛像以及未來佛彌勒等。有些寺院的佛殿四壁，或者一些石柱的四周，密密麻麻地雕有一排排的小佛像，這些統稱為千佛（或萬佛）。

釋迦牟尼佛 釋迦牟尼佛，又稱「釋迦文佛」、「世尊」，釋迦牟尼是佛教徒對他的尊稱，其實他姓喬達摩，名悉達多，是一名太子，從小過著優渥的生活。但悉達多從小就常思索人生中生老病死苦等諸多現象，逐漸形成遁世之志，終於在二十九歲時捨棄王位，出家修行。他遍訪名師，又在樹林中苦修六年，終於理智的覺悟：苦修並不能解脫人生的痛苦。後來他坐在一棵畢砵羅樹下，克服種種魔障，沈思七七四十九天，悟得「四聖諦」、「十二因緣」，終於得道。

此後釋迦牟尼佛開始了長達四十五年的傳教活動，成為佛教創始祖。當他八十歲時，自知報身已盡，因此走到恆河之濱娑羅雙樹之間臥下，進入涅盤。傳說當時樹林花朵齊放，林色變白，彷彿山鶴群居，呈現種種瑞相。

藥師佛 藥師佛，又稱「大醫王佛」、「醫王善逝」，全稱「藥師琉璃光如來」。藥師佛的形象是左手持一只可盛甘露的砵，右手以拇指和食指持一顆藥丸。左右有兩尊上首菩薩，左邊的稱為「日光遍照菩薩」，右邊為「月光遍照菩

薩」，合稱「藥師三尊」。據《藥師經》說：藥師佛曾發過十二大願，要滿足眾生一切慾望，拔除眾生一切痛苦。因此人們若有病痛，常上藥師殿祈求藥師佛除病消災、保佑健康長壽的。

阿彌陀佛　阿彌陀佛，又稱「無量壽佛」、「無量光佛」、「甘露」，密宗稱為「甘露王」。相傳他在過去為比丘時，名為「法藏」，立下四十八願，願身體力行，修菩薩行，護身、口、意，成就正覺，成為佛陀。

阿彌陀佛在世，目的是廣度眾生。他的左右兩邊各為觀世音菩薩和大勢至菩薩，合稱「彌陀三尊」。

彌勒佛　彌勒是姓，為梵文的音譯，可譯為「慈氏」。他是佛弟子，以修慈心觀而聞名。現在寺廟中供奉笑口常開的胖彌勒佛，相傳是彌勒的化身。據說五代梁朝時，有位和尚，袒胸露腹，出語無定，隨處寢臥，他常以杖背一布袋，終日奔走，勸化眾生，後來在他行將圓寂之時，口中唸道：「彌勒真彌勒，分身千百億，時時示世人，世人自不識。」唸完即圓寂了。從此，人們將這個布袋和尚的形象，作為彌勒的化身，供奉在寺院的天王殿。

觀音菩薩　原稱觀世音菩薩，由於唐人避唐太宗李世民諱，去掉「世」字，略稱「觀音菩薩」。玄奘大師譯《心經》時，改稱「觀自在菩薩」。

關於觀音菩薩來由，說法不一，相傳觀音菩薩是善男子出身，他原是轉輪王的兒子，他和父親及弟弟一起跟隨釋迦牟尼佛出家，修得正果。轉輪王成為阿彌陀佛，他和弟弟分

別成為觀音菩薩和大勢至菩薩。所以，唐代以前，觀音形象多以男相出現，自唐代以後，才由男相改為慈愛、莊嚴的女性形象。

佛教把觀音奉為大慈大悲的菩薩，眾生只要唸其佛號，菩薩即觀其音生，前往拯救。觀音菩薩不分貴賤賢愚，對一切人的苦難都與以拯救，並能消除人們煩惱，所以其聖號是「大慈大悲救苦救難廣大靈感觀世音菩薩」[1]。

4.佛教在台灣的發展

近四十年來，由於社會的變遷，使得台灣的佛教活動也順利蓬勃發展，不管是慈濟功德會、法鼓山、中台禪寺、佛光山、靈鷲山等，皆對台灣社會及民眾造成顯著的影響，尤其於民國八十八年，九二一大地震後，其宗教團體的動員力量，更使得全國甚至國際間刮目相看，一致稱許。

慈悲喜捨：慈濟靜思精舍 從一九六六年起迄今，在證嚴法師的引領下，從三十位信眾所組成的「佛教克難慈濟功德會」[2]，經過三十多年歲月的洗禮，如今已奇蹟似地發展成為約有四百多萬會員的龐大慈善團體。這樣一個台灣本土性的佛教慈善機構，看似不起眼，但在三十多年來卻創造了很多台灣奇蹟。

當今的台灣是個多元價值體系的社會，每個人須能接納不同的價值觀，彼此尊重、相互扶持，社會才有和諧可言。

---

1 羅偉國（1999a）。佛教的奧祕。台北：新潮社。

2 慈濟全球資訊網 http://www.tzuchi.org.tw/。

慈濟的各項志業，是眾生平等、一體尊重的，因此在三十多年不間斷地努力與耕耘之下，慈濟的腳步從慈善、醫療、教育、文化、國際賑災、骨髓捐贈到環境保護和社區志工，形成了台灣愛心奇蹟的「一步八腳印」志業網。

每有災難發生，慈濟人總是不約而同的及時趕赴現場協助救援。一九九九年九月二十一日的集集大地震，各區慈濟志工在最短的時間內相繼成立賑災中心，即刻投入救災之行列。隨著國際資訊快速交流，國際急難訊息也在極短的時間內傳達到台灣。從一九九一年起，慈濟便積極參與國際急難救援事務，在物質與精神上，給予各國受災受難者最適切的幫助與關懷，深獲國際社會好評。證嚴法師跨越政治立場及人群種族的限制，引領全球慈濟人從事慈悲無國界、宗教無政治的「國際賑災」，慈濟的國際賑災具體實踐愛的行動與力量，闡揚了人類追求至真至善至美的圓滿人生目標，更是多元文化精神之展現。

心靈環保：法鼓山　「佛法這麼好，知道的人這麼少，誤解的人這麼多。」因著這樣一個單純的信念，聖嚴法師創辦了法鼓山[3]。法鼓山對內、對外都是一個教育團體。它不僅是一座寺院，更是一座學府、一個提升人品的修行中心，也是世界性的佛教修學中心。

多年來，法鼓山推動「提升人的品質，建設人間淨土」的理念，受到社會大眾的認同，為了落實這項理念，法鼓山更以「推動全面教育」為一大使命，展開三大教育，「大學

3　法鼓山全球資訊網 http://www.ddm.org.tw/。

院、大普化、大關懷」，在社會推動各種教化人心的活動，企盼過各種教育管道，將佛法深入每一個人的心中。

　　法鼓山推動心靈環保不遺餘力。心靈環保其實就是以觀念的導正來提升人的素質，除了能夠不受環境的影響而產生內心的衝擊之外，也能以健康的心態，來面對現實，處理問題。讓我們處身在任何狀況之中，都可以保持平靜、穩定、自主、自在的心境。而所用的方法，便是禪修，基本的原則是由放鬆身心、體驗身心、統一身心到放下身心的四階段。

　　近來在捷運廣告上常可見法鼓山對芸芸眾生的提醒：「人不是需要的太少，而是想要的太多。」讓社會大眾可以省視自己的內心，是否時時被慾望所驅使。因此法鼓山推動「心」五四運動就是提供社會大眾一個具體改善心靈、轉變心靈的方法，讓自己在繁忙、緊張、焦慮不安、困境重重的生活步調中，找到內心真正的平靜、寧靜、安詳、和樂，提升生命的品質。使我們知道如何用智慧來過二十一世紀的生活，使我們的生活更圓滿、使我們的思想更具智慧。

　　人間佛教：佛光山　高雄的佛光山一直是南台灣民眾假日休閒的好去處。佛光山[4]由星雲法師所帶領，目前佛光山的道場及寺院遍布各地，國內國外信眾相當多，一九九二年星雲法師於美國西來寺成立國際佛光會，更使佛光山的觸角伸到全球五大洲，將菩提灑滿世界各個角落，也將慈愛佛法傳達到每個人心中。

　　星雲法師不但具有全台灣的知名度，他還是在電視台製

4　佛光山全球資訊網 http://www.fgs.org.tw/。

作宏揚佛法電視節目的第一人，他把人間佛教突破守舊的形象，變成新穎且歡欣快樂，讓人們對台灣的佛教大大改觀，這可說是星雲法師一項很重要的貢獻。

　　智慧圓滿：中台山　現今的台灣社會，隨著經濟的發達，卻也使得人們心靈愈發空虛，禪學講求心法和解脫的技巧，相當符合現代人的需求，因此以禪修為重點的中台山便逐漸深受民眾重視。一九八七年以前，惟覺法師只是一名獨居苦行的和尚，後來因緣際會，被外界知曉這位隱居苦行的法師，之後惟覺法師在台北萬里修建了靈泉寺，被外界推為得道高僧，圓滿而有智慧，從此奠定惟覺法師在禪學界的聲望。

　　由惟覺法師所帶領的中台山[5]不僅推動禪修，更落實推動「佛法五化」──學術化、科學化、教育化、藝術化、生活化，表現出佛法的豐富層面，讓更多現代人明瞭如何修行學佛，使大眾從不同角度，認識佛法，契入真理，開啟人自性中的慈悲與智慧。

　　除此之外，還有其他很多重要的佛教團體，都對國家社會形成很大的影響效果，皆富有啟迪人心、淨化心靈的功能，也因為有它們的存在，讓我們的台灣社會多了一份慈愛與祥和。

　　佛陀說人性本善。每位眾生都是一樣，佛有多大的愛心、慈悲心，眾生就有多大的愛心與慈悲心；佛有多大的智慧功能，眾生就有多大的智慧功能。佛教重在身心的轉化，

5　網址：http://www.chungtai.org.tw/index.htm。

而不重視儀式的軀殼，所以強調祭祀無用的觀念。佛不是神，從不宣稱自己創造宇宙、獎懲人類，佛並非獨一的聖者，任何人依照佛所教示的方法而努力，則人人皆可成佛。因此佛教也不否認有福樂、能力大於人類的神祇，所以佛教肯定一切與人為善的宗教與法制的客觀價值。

　　宗教給人帶來安寧祥和的感受，因為它讓我們在心靈上有了依靠。宗教開啟了精神生活的大門，讓人有了依歸和終極至善的希望。宗教能啟發生活創意，從覺察和驚奇之中，開啟生活的遠見和智慧，使心靈生活提升與悅樂。當然，宗教也能培養人的善心，引發善良的行動，讓人成就光明圓滿的人生。

三、道教文化

　　道教係我國固有之本土宗教，源遠流長，歷久彌堅，與民俗相揉和，是大多數國人共同信仰之宗教，不但對我國社會產生過長久之安定作用，並且對我國之文學、書畫、音樂、塑雕、戲劇、舞蹈等藝術及天文、地理、曆算、醫藥、冶煉、化學和建築等科技，有過重要的發明、貢獻和影響，與我國之學術思想史、政治思想史及民族革命史，亦有著密不可分之關係。

1.源流與發展

　　我們信什麼教？是佛教嗎？還是道教？這個問題常引起

大家廣泛的討論。宗教之所以稱為宗教，至少要符合教祖、教義、教規、入教儀式。道教是我國唯一固有宗教，宗源於皇帝，闡揚於老子，成教於道陵天師，世稱黃老之學。「道」是宇宙之本體，先天地而生，故為天地之根、萬物之母。人類萬物是無法脫離道而生存的，因此道教不但主張崇尚自然，化育萬物，同時也強調悲天憫人、清心樸實為行道濟世的指導原則。

西漢文景時代，由於推行黃老之治而天下太平。漢武之時，雖言獨尊儒術，但儒家僅言人生入世之學而不談神道，因此它不是宗教而不用宗教儀式。東漢時學道之士張道陵，在鵠鳴山中苦修道法和神學，並且依照上古封禪郊祀的制度，訂立了種種科儀，敬天禮神，規範信眾，以道家的思想，陰陽家的學術和神仙家的方法，結當時盛行的老子信仰，形成了一個有組織、有制度的教團，正式用道教之名從事宗教活動，而古代奉道之士的方士，亦漸稱為道士了。

張道陵正式行教初期，號稱天師道，設二十八治，信仰者以四川漢中一帶為主，之後張衡到江西龍虎山講道傳教，長江以南地區，道教才開始興盛。當時道教教人誠信不欺的道理，人如果有病或有罪，都需要坦承自己的過錯，用清靜、懺悔來化育人民，又設義舍、義米，出外之人可以免費住用；與此同時，太平道已甚流行，但後來被張角等人所利用。

魏晉南北朝時，敬神祀祖的道教已經十分流行，當時知識份子多信奉老莊之道，解釋老莊之著作很多，五胡亂華之際，亦藉道教組織及民族意識，而發揮其高度潛力。南北朝

時，南朝的陶宏景和北朝的寇謙之，都被尊為國師，講道授徒，朝中大臣，多數成為他二人之弟子，一時之間宮、觀、院、壇之建築及祈禱齋醮之舉行，以及勸善規過，化民成俗的功德比比皆是，傑出的道教先師如葛洪、陸修靜、杜廣成等，對道教理論的確立、經典的編纂、修養的成就及科儀的刪訂，均有卓越貢獻，迄至唐代，道教已經風行天下盛極一時。

　　唐朝雖然教派很多，但宮廷之內特別尊崇道教人士，有名的大臣如魏徵、李泌、李白等都曾經當過道士。玄宗時在京師設崇玄館，建太清宮，以首相為宮使，並領崇玄館事，於各州郡設紫微宮，以副相領觀使，史稱宮觀使，以主管天下之道教宮觀。開元二十五年並置玄學博士，每年依明經之列甄拔「道舉」，考試老、莊、文、列之經義，時稱道學。宋朝時仍因唐制以首相副相為宮觀使，另置「道學」為道者教育機構。宋代天子多崇信道教，國內之宮觀在制度上規定為大臣退休賦閒之所，政教配合，最為和諧，是道教最為安定之時期。因此，唐、宋兩代，道教名人輩出，是道教之極盛時代。

　　遼金時代，華北一帶興起三個新道派：全真道教、真大道教及太乙宗，其中以全真教範圍最廣，勢力最強，影響最為深遠。其時，有名的道士，多稱先生或真人，地位十分尊崇，但以道教民族意識濃厚，於元中葉以後，朝廷對道教崇信漸衰，藉故盡焚道藏，廢置宮觀，道教因而衰退。

　　朱元璋創建明朝，多賴道教支流異端的紅巾之力，但於

得國之後，雖然表面尊崇道教，實暗壓抑道教，力使道教思想完全脫離塵俗不涉世事，而專司齋醮祀典，道眾之傳習更多加例禁，至此道教型態大變。滿清入主中華，深知道教富於民族思想，於是道教大受貶抑，以致教義不彰，但民間祈禳敬祖仍多延請道士，習俗婚喪，仍本道教成規，但道教本旨已經彌晦，致使市井游閒之徒，以及種種愚昧落伍之迷信行為，多託名依附於道教，而使道教蒙謗至深。

2. 經典與儀式

什麼是「道」？ 春秋時期，老子認為「道」是宇宙萬物得以產生的根源及賴以存在的本體，主張人的活動應當遵循事物運動變化的規律，因此而開創了道家學派，並為後世道教的發展奠立了理論基礎。東漢末年，張道陵在西南蜀中自稱得到太上老君（老子）「授以三天正法，命為天師」，並作道書二十五篇，從而創立了天師道（俗稱五斗米道）。

「道」這個詞，在道教中有著很多層含義。其中之一，是超越了時間、空間等物質屬性的永恆存在；它很難用人類現有的語言概念來加以描述，但卻又是實實在在的。「道」並不像我們所能感覺了解的物質一樣有形有狀、有生有滅，而是超然於萬物而存在。「道」的另一層含義，是宇宙萬物賴以產生、存在的根源和本體。也就是說，宇宙萬物都由「道」而產生，並且都擁有「道」的屬性。

另外，若從宗教神學的角度來講，「道」也可說是至高無上的大神；後來道教又認為「道」能化為「三清」，也就

是元始天尊、靈寶天尊、道德天尊。「道」既能產生萬物並普遍地存在於萬物之中，則人類個體生命之形成，也是因為承受了此「道」，所以，「道」又常被視為人類個體之「性」或「神」（也就是靈魂）。正因為人類個體生命擁有「道」的屬性，而「道」又是一種超越時空的永恆存在，所以，人的生命在理論上是有著永恆不滅的可能性（並非指單純的肉體長存）；而要實現這種可能，則需要透過修行來求「得道」或「返道」，亦即逆宇宙生命形成的程序而返回「道」之永恆狀態。在這個意義上，「道」又可被理解為人生追求的最高境界。

　　道教經典　道教經典很多，均收在《道藏》之內，現用《道藏》乃明朝正統年間重新編印者，故稱《正統道藏》，共分三洞、四輔、十二類、五千四百八十五卷。早期道經分《上清經》、《靈寶經》、《三皇經》三部分，以後合稱《三洞珠囊》，唐時稱為《三洞瓊綱》，共有一八七六三八○卷，宋時編為《大宋天宮寶藏》，政和中改編為《萬壽寶藏》，元時編為《玄都寶藏》，亦有七千八百卷，後遭元廷藉故焚毀。

　　道經以黃帝的《陰符經》、老子的《道德經》、莊子的《南華經》、尹喜的《文始經》及金闕後聖帝君的《黃庭經》為五大經。另以《陰符經》、《道德經》、《清靜經》、《龍虎經》、《黃庭經》及《參同契》、《悟真篇》、《三皇玉訣》、《青華祕文》為內煉丹鼎派之五經四書，並以《度人經》、《玉皇經》、《玉樞經》、《三官

經》、《北斗經》及《生神玉章》、《濟煉科》、《祈禱儀》、《千金方》為外修符籙派之五經四書。另在我國社會上，流行最廣，影響最深之「勸世文」則為〈太上感應篇〉、〈文昌陰文〉及〈文昌功過格〉。學道之士，必須要從習經開始，只有洞澈經義，才能知道造化之妙，才得具有宣化之能，因此習經是修道者之必經過程。

道教教規　道教戒律多達三十餘種，一般則以老君五戒、十二戒、二十七戒、一百八十戒及中極三百大戒為漸進戒階，另則初入道者有初真十戒，各地宮觀多依戒律制訂堂規，訂定罰例，對教徒之生活規範至為嚴格。老君五戒是「不殺生、不嗜酒、不口是心非、不偷盜、不淫色。」另有十善則為「孝順父母、忠事君師、慈心萬物、忍性容非、諫諍蠲惡、損己救窮、放生養物種諸果林、道邊舍井種樹立橋、具利除害教化未悟、讀三寶（道經師）經律奉香花供養。」以及五箴六訣均應誠謹奉行。

全真道眾除了奉守戒律外，還要茹素不食葷腥，伙居道士及一般教徒不吃長齋，禁食三厭五辛，三厭即雁、犬、鱉；五辛則係蒜、薑、韭、芸薹及胡荽等辛辣之物，因為修道者以寡慾養精、少食養氣、安眠養神為保養精氣神而達長生久視之唯一途徑，教徒隨其功行修為，逐步加深其禁忌，而對房禁尤為首要。

道教的齋醮　齋醮是道教特有的宗教祭祀儀式，也是道士所從事的主要宗教活動。齋醮道場大致有兩類：一為祈祥道場，一為度亡道場。齋醮的目的是使人與神靈溝通，祈禱

神仙保佑，賜福消災度厄。中國道教豐富的齋醮儀式，蘊涵著道教文化的精粹。齋醮，能表達炎黃子孫的生存需求和美好願望，神聖醮壇那虔誠地誦經，默默地禱告，寄託著人們的宗教幻想，祈求上天護國祐民，風調雨順，天下太平，期望能使亡靈冤魂，萬罪化解，早升天界，這是齋醮永恆的主題。

道教的法術　道教法術種類繁多，大約可歸納為以下兩類：一類以內、外丹及其他養生方術為主，包括道士本身的修練、誦經等，可稱為「修練成仙法術」；另一類則以濟世渡人的各種方法為主，包括降妖除魔、驅鬼治病等，可稱為「濟世渡人法術」。雖然分為兩類，但彼此有內在聯繫，無法完全分離，修第一類法術為主的人，也需要兼修第二類法術，因為濟世救人也算是躋位仙階的基本條件之一；而以修第二類法術為主的人，也需要以第一類法術為根基，因為道行高深與否，是道法靈驗的依據之一，而且這兩類法術有許多共通之處，有相輔相成的作用。

　　道教各派所施的法術不同，也成為區別道派的一個重要依據。因為雖然各派都以「道」為最高信仰，但是對其的解釋不同、理論不同、師承不同、流傳地域不同，所以服務的法術也不同[6]。

6　羅偉國（1999b）。道教的奧祕。台北：新潮社。

3.神仙世界

道教認為鬼與仙是真實存在的，只是我們一般人無法看到而已。人是介於鬼與仙之間，可死後為鬼，也可以修練成仙。人若想免除生死之苦，脫離輪迴，就只有修仙學道，但是，修持仙道不是容易的事，尤其要達到高層次，更是困難重重。道教認為人死為鬼，鬼而有靈為神，所以對鬼神極為崇拜。

道教是崇拜多神的宗教。道教崇奉的神靈種類繁多，例如我們之前提到的三清（宜蘭三清宮）：元始天尊（天寶君）、靈寶天尊（太上道君）、道德天尊（太上老君，即老子），它們是道教的最高主神；另外像玉皇大帝、文昌帝君、五斗星君、三官大帝（即天、地、水「三官」）等都是；此外我們常見的媽祖、觀世音菩薩、關聖帝君等，廣義來說都可算是道教信奉的神靈。祂們多在舉行齋醮法會時被恭請蒞臨。

此外，「三清」又稱道寶、經寶及法寶，因此道徒亦稱「三清弟子」。相傳元始天尊以至真之氣化生「東王父」，又以至妙之氣化生「西王母」後，陰陽既判，天地始生而入「太極」，再化「昊天玉皇上帝」以統諸天，及「五方五老」為五行之精，「五方五帝」為五行之用；次以「天地水三官大帝」分掌三界及人間禍福；另外化「斗闕、四極、星宿、八位、山川、社稷」，道教都是崇信禮拜的，而這些信仰均係與我國上古所祭祀者一脈相承的。

元始天尊　元始天尊是道教最高神靈「三清」尊神之一，生於太無之先，稟自然之氣，初稱元始天王。道教宮觀大多設有「三清殿」。元始天尊常以手持混元珠像居於大殿神像之中位。在大型道教齋醮禮儀中，也多設有三清神位或神像，也均以元始天尊為中位。元始天尊的神誕之日是正月初一。民間亦有在冬至日供奉元始天尊的。

靈寶天尊　靈寶天尊是道教最高神靈「三清」尊神之一，原稱上清高聖太上玉晨元皇大道君。於陶弘景編定的《真靈位業圖》列其在第二神階之中位，僅次於第一神階中位之元始天尊。唐代時曾稱為太上大道君，宋代起才稱為靈寶天尊或靈寶君。道教宮觀裡的三清殿中，靈寶天尊常以手捧如意之像居元始天尊之左側位。在道教大型齋醮禮儀中，也多設有三清神位，以靈寶天尊居元始天尊之左位。靈寶天尊之神誕日為夏至日，約在農曆五月中。民間於夏至日之供奉常以靈寶天尊為主神。

道德天尊　道德天尊是道教最高神靈「三清」尊神之一，即老子。約自北魏起，又稱太上老君。唐代皇室，以老子李耳為同姓，崇奉太上老君，累加尊號。唐高宗尊太上老君為「太上玄元皇帝」，唐玄宗三上尊號，稱「大聖祖高上大道金闕玄元天皇大帝」。道教宮觀中的三清殿，都有太上老君之神像或神位。其神像常作一白鬚白髮老翁，手執羽扇，居元始天尊之右側位。在道教大型齋醮禮儀中，也均設有太上老君的神位，亦居元始天尊之右側位。太上老君，即道德天尊之神誕日為農曆二月十五日。道教以太上老君為教祖，

是日大多舉行祝誕聚會或祈福延壽道場。

　　玉皇大帝　玉皇大帝簡稱玉皇，又稱昊天金闕至尊玉皇大帝、玄穹高上玉皇大帝。玉皇大帝是諸天之帝、仙真之王、聖尊之主，三界萬神、三洞仙真的最高神。玉皇有制命九天階級、征召四海五嶽之神的權力。萬神都列班隨侍其左右，猶如人世間的皇帝和公卿。玉皇大帝是三清之化身。三清與玉皇，猶如先虛無而後妙有，先無極而後有太極，先無為而後有為。故玉皇為三才主宰，掌天地人之均軸。玉皇大帝神誕之日為正月初九日。道教宮觀要舉行金籙醮儀，稱「玉皇會」。參加醮儀的道士和道教信徒都要祭拜玉皇大帝，行「齋天」大禮，以祈福延壽。福建和台灣省民眾稱玉皇大帝為「天公」。正月初九要「拜天公」，一家老小，齋戒沐浴，上香行禮，祭拜誦經，有的地方還唱戲娛神。中國北方過去還有舉行玉皇祭，抬玉皇神像遊村巡街的習俗。十二月二十五日傳稱是玉皇大帝下巡人間的日子，舊時道觀和民間都要燒香唸經，迎送玉皇大帝。

　　三官大帝　三官大帝指的是天官、地官和水官。天地水三官以正月十五日、七月十五日和十月十五日為神誕之日，道教徒都進廟燒香奉祀，或建金籙、黃籙道場，以祈福消災。

　　天官賜福：天官名為上元一品賜福天官，紫微大帝，隸屬太清境。天官由青黃白三氣結成，總主諸天帝王。每逢正月十五日，即下人間，校定人之罪福。故稱天官賜福。

　　地官赦罪：地官名為中元二品赦罪地官，清虛大帝，隸屬上清境。地官由元洞混靈之氣和極黃之精結成，總主五帝

五嶽諸地神仙。每逢七月十五日，即來人間，校戒罪福，為人赦罪。

水官解厄：水官名為下元三品解厄水官，洞陰大帝，隸屬太清境。水官由風澤之氣和晨浩之精結成，總主水中諸大神仙。每逢十月十五日，即來人間，校戒罪福，為人消災。

五星七曜星君　五星七曜星君是道教的七位星神。五星指的是歲星（木星）、熒惑星（火星）、太白星（金星）、辰星（水星）、鎮星（土星）。五星又稱五曜，加上日、月，合稱七曜。道教尊七曜為神，名為星君。道教宮觀常有供奉星神之專殿，間亦有供奉五星七曜星君者。在大型齋醮儀禮中，一般均設有五星七曜神位，並在有關科儀中召請五星七曜星君降壇施法。道教徒中也常有為轉變年運、祛病除邪、祈福延年而參拜星辰之神者。

人格神和歷代得道仙師　後天之人格神和歷代得道仙師，道教亦十分崇敬。仙人是具足內功外德而得道之高真，神人則祀「有功德于民」者，舉凡「法施於民」、「以勞定國」、「以死勤事」、「能禦大災」、「能捍大患」，五者能成其一即具神行，成其大者為大神，成其小者為小神，人人可躋，入世出世，咸能成功。媽祖、八仙都可屬之。

司過神　道教認為人類雖然是大宇宙之一部分，但既為人類，即應具備明是非，辨善惡之人類本性，人的普遍弱點就是有無止盡的慾求，也因此而失去人性，淪為獸性。司過神即屬令人遠獸性、保人性之冥冥主宰。人的日常言行，無形之中均有監督，因此值年有值年的「太歲」，值月值日值

時也各有「功曹」，還有每家每戶的「灶君」，及「城隍神令」，以及每人身中的「三尺神」，都是監督記錄各人言行的司過神；其次還有日遊夜遊的過往神明，有隨時監看人類功過，至陰司巡察的「東嶽大帝」和十方救苦天尊所化的「十殿冥王」，則是最後決定各人功過之決策之神；至於遇到人性不善有損天和時，則由「瘟部的厲神」降災司懲。

這些信仰，在我國民間，多是深信不移的，也是我國社會長久以來的安定力量。由於道教以道家思想和經典為理論基礎，因此尊黃帝為始祖，奉老子為道祖，張道陵為教主。

4.道教在台灣的發展

今日的台灣居民，大多數是由大陸的福建、廣東等省移民而來。移民們來到台灣，自然也帶來了他們的文化，他們的宗教信仰。台灣群眾信仰道教非常普遍，大的城鎮建有眾多規模宏大的道教宮觀，幾乎每個村莊都有道教小廟。台灣的宮觀中供奉的神仙主要是天上聖母（媽祖）、玄天上帝（真武大帝）和關聖帝君（關羽）。現今台灣有三分之一的同胞都信仰媽祖，全島共有媽祖廟五百餘座。供奉玄天上帝的廟宇有四百餘座，供奉關聖帝君的廟宇有三百餘座。

道教是我國本土宗教，與國人生活密不可分，雖然根據內政部民政司的統計，台灣的寺廟將近萬間，但裡面純屬道教的廟其實是很少的，因為通常會跟一般民間信仰或是佛教的廟相重疊，這也是我們一般人常常會搞不清楚到底信的是什麼宗教的緣故。

　　據道教學者劉枝萬教授的研究指出，台灣道教包含天師教、老君教、海陸教等派，其中以天師派最占優勢。這些派別的人士可稱為道士，這些道士都是可以娶妻的在家道士，他們大多設有道壇從事相關服務工作。近幾年來，台灣的道士大都兼修法教，從事法師的業務，也就是同時以道士和法師的身分進行道教科儀和紅頭法術兩方面的活動，也就是「道法二門」。[7]

　　由於台灣的道士，全為在家道士，台灣幾乎沒有道觀，因此，在中華民國道教會成立後，即積極籌建三清總廟，作為道教徒清修的地方。經過多年的努力，終於在宜蘭建立了三清宮。另一方面，也逐漸有一些奉道人士和民間寺廟也逐漸興建或轉型為道廟。目前比較有名道教廟宇有台南天公廟、宜蘭三清宮、台北行天宮、高雄道德院等。

　　另外，由於台灣的道教以天師教最盛，目前第六十四代張天師是由第六十三代張天師（恩溥）的堂侄張源先接任，歷世相傳至今已有二千多年。嗣漢第六十四代天師張源先，自民國五十九年九月二十八日假台南市天壇襲職，至今已三十餘年。期間纂輯多種道書，彙整歷代天師傳，補撰第六十二及六十三代天師行狀傳記，可謂當世道教之要典。張源先天師認為宗教應有所宗而成教，聖人以神道設教，重在經典，以為準繩。因此任何宗教，皆應具備教主、經典、科儀與戒條等，作為師法的要點，而奉行其教。

　　近年來，台灣道教界人士經常到大陸的宮觀謁祖朝聖，

7　李世偉（2002）。台灣宗教閱覽。台北：博揚文化。

並與大陸道教界共同舉辦一些重大的道教活動。大陸道教界
亦多次應邀派代表團前往台灣參觀訪問。海峽兩岸道教界人
士的頻繁交往和交流，這對於增進彼此之間的了解和友誼，
對於弘揚道教文化，都是有益的。

　　總而論之，古老的道教對於現代人類的生活是有著很多
積極意義的。道教不僅關愛人，也關愛大自然，並十分重視
人與自然的和諧相處。道教認為：人與萬物共同承「道」而
來，「天地與我並生而萬物與我為一」，故我們人應該與自
然界和諧相處，而不能隨意地破壞自然環境。此外，道教徒
還遵從老子「見素抱樸，少私寡欲」的教導，這對於我們樹
立良好價值觀，改變浪費資源的習慣，也具有重要的意義。

四、一貫道文化

1.源流與發展

　　一貫道的信仰淵源是從摩尼教開始的，摩尼教源自波
斯，也就是拜火教。拜火教第一代教主就是摩尼，以火當他
們的神明，以火焰代表光明，所以從波斯宗教的傳統，任一
個宗教如果受波斯宗教的影響，一定形成所謂的神明跟邪靈
之間的差異，所以只要有光明一定有黑暗，只要有善一定有
惡。波斯的宗教就是認為善神惡神彼此的爭戰，什麼時候會
結束呢？有一天善神一定下凡拯救世界。

　　所以摩尼教在唐代來到中國之後，變成彌勒教，奉彌勒

佛，這彌勒佛類似道成肉身，要拯救他們。在這個系統中的彌勒佛有類似菩薩的意謂，就是類似救世主的角色。所以明朝朱元璋要革命的時候，就認為彌勒佛降生了，用宗教號召，後來建立明朝。朱元璋是靠這個起來革命的，他成功之後，就很怕有人也靠這個革命，所以朱元璋當皇帝之後，彌勒教被朱元璋禁掉了，後來轉入地下，變成白蓮教。事實上白蓮教也不是完全地下，只是換了一個面貌而已。

在台灣，一貫道的發展受到了很大的限制。民國四十二年，內政部引用「查禁民間不良習俗」辦法，將一貫道列入邪教，四十七年又加強查禁，五十二年的大力取締，還逼迫各道場在不得以的狀況下登報聲明解散。

由於政府的查緝、媒體的宣傳，加上佛教團體與中國孔學會為了爭取教義解釋權與信徒，不斷宣揚一貫道是邪教，逼得一貫道走投無路，處境有如過街老鼠。一般民眾也因這些風風雨雨的負面宣傳，繪聲繪影將諸多劣行都集中在一貫道身上。

一貫道躲躲藏藏了三十多年，其中也不斷有人出面替一貫道說話，但皆未被政府所接受。經過多年的努力，在道場前輩與官方人士的推動之下，政府終於在民國七十六年二月十一日解除對一貫道的禁令，同年十二月八日正式核准「中華民國一貫道總會」為社團法人，並於隔年三月十五日一貫道總會成立。

2.教義與儀式

三教合一 三教原是一理所生,雖分門別戶,言論各有不同,然而究其實際,概屬一理。道家以虛無為本,注重保養虛靈,返回無極;釋家以寂靜為根,注重返觀寂靜,滅除雜慾;儒家之明明德,注重私慾淨盡,天理純全。天理就是至善,亦可說是寂靜,寂靜便是無極,無極即是真理,三教宗派,皆由無極一理而生心。佛講萬法歸一,明心見性;道講抱元守一,修心煉性;儒講執中貫一,存心養性。雖三教之傳法不同,要皆以一為原,以心性為入手,自是由一理而化為三教,猶人之一身而分為精氣神焉。

三教大道既以性理為宗旨,故其綱常倫理,均係性天中流露,性體既明,倫常不習自正,所謂明體達用,本固枝榮,自然之理也。惟今三教早已失其真傳,幾臨廢絕,故性理真傳,必須三教齊修,不偏不倚;行儒門之禮儀;用道教之功夫;守佛家之規戒,擷取三教之精華,方克有成。

行功論 一貫道行功分內功與外功兩方面。內功即格致誠正修身之功夫,亦即克己復禮、清心寡慾,求其放心之功夫。外功即要行濟人利物之事,要有拯災救世之心,要遵三教聖人之訓,竭力躬行實踐,凡印善書,立佛堂,廣勸化,多開荒,宣揚道義,啟發人智,化一人成道,功德實非淺辦,外功圓滿,內功隨之而圓。至於凡情上,濟急救難,賑災匡危,小則出資獨辦,大則集資共舉,要隨地隨人隨時隨事,多方而利導之。次與父言慈,與子言孝,與兄言友,與弟言

恭，與夫婦言和睦，與朋友言信實，與官吏言忠正，化惡為善，化愚為賢，則為真功；不存沽名釣譽之心理，與無惡言屬色之表現，若沽名釣譽，無所謂功矣，若性躁氣憤而勸人，則非修道之人矣。

儀式規戒 一貫道的禮拜儀式相較於佛教、道教可說是簡化許多，並不需要耗費很多人力與物力，也因此家家戶戶幾乎都有開佛堂的能力，是以「家家有佛堂，家家有彌勒」也就成了一貫道努力的目標之一。

一貫道在儀節上具顯著之儒教化，其科儀並無佛、道兩教那些敲打唸唱、畫符唸咒、驅邪祈福的科儀，毫無神祕色彩。守佛家之規戒，即不殺生、不偷盜、不邪淫、不食酒肉、不妄語。蓋人自無始以來，造罪無邊，四生六道輪迴不休，皆因殺、淫、邪等所引起，故佛家立此五戒，以做修持之開端，消極的要人遵守，做到諸惡莫作，進而能積極的眾善奉行。因為五戒是斷惡業，培善德之起點，為修行之基本戒律，故天道以為規戒。

在一貫道的道場都大力提倡三多，即度人多、清口多、開堂多。因而在一連串的進修課程中，講師會一再以「慈悲」、「輪迴」與「養生」的觀念鼓勵道親朝清口的方向努力。並且道場有一些活動對於參加的道親有「清口以上」的限制，如開堂、人才班、懺悔班等，所以幾乎每個道親在進入道場一段時日後，便會立下「清口願」，終身奉行吃素的信念。

在社會教化方面，每個道場都會開設國學研究班、兒童

讀經班等課程，推廣儒家的思想，教導兒童背誦中國的古代典籍。現在更透過媒體將研究課程與心靈講座搬上螢幕與網路，擴大它的影響範圍。這些活動課程對社會大眾帶來什麼樣的影響，我們無法確切得知，但最明顯的是它吸引了大量的青年學子進入一貫道場，也進而大大提升一貫道的形象與素質。更重要的是它培養出了道場年輕的後輩，讓一貫道在未來的發展充滿生機與活力。

在公益方面，一貫道設立了許多慈善機構，在台灣有三所育幼院、二間養老院。再者便是濟貧與急難救助，幾乎每一個道場都會有類似「慈善會」的設置，負責救助社會貧苦。

3.仙佛神聖

明明上帝　為三界十方之主宰，因其位居無極，而為開天闢地生人之道母，故又尊稱無極老。無極老即儒教之維皇上帝；道教之瑤池金母；佛教之大日如來；明代新興宗教之無生老母或無極聖祖；基督教之上帝；回教之安拉。

天地君親師　係固有五恩之崇拜。

諸天神聖　泛指三界十方之仙佛聖真而言。

彌勒祖師　即彌勒佛。

南海古佛　即觀世音菩薩。

五教聖人　即五教教主：道教教主老子、儒教教主孔子、佛教教主釋迦牟尼、基督教教主耶穌、回教教主穆罕莫德。五教聖人俱是奉天承運闡揚真道，因志教化濟一方。

活佛師尊　即濟公活佛。

月慧菩薩　與濟公活佛，奉天命同掌道盤。

各位法律主　即關帝、呂祖、桓侯大帝、嶽帝等等。

長生大帝　即南極仙翁。

灶君　即灶神。

金公祖師　即十七代祖路中一，今尊稱老祖師。

天然古佛　即師尊張天然。

中華聖母　即師母孫慧明。

鎮殿元帥　即張茂猛大帥，師尊之子，年少歸空，顯化助道有功，受封鎮殿元帥。

鎮殿將軍　即三天考試院長張茂田，又稱三天主考，一號呆叟，係師尊之子，年少歸天，顯化助道有功，上天封為鎮殿將軍。

教化菩薩　即雲遊姑娘，是雲字班第一位超拔的坤道氣天仙。

各位大仙　歷代忠烈節孝位列仙班者，以及近數十年來，在世修行功德圓滿，上天授有仙職者。

自己祖先　即道親家中的先人。

4.一貫道在台灣的發展

一貫道在台灣被政府查禁三十多年，到民國七十六年政府宣布解禁。一貫道在合法化後，積極轉型，除計畫在高雄縣六龜鄉籌備「崇華大學」外，也將成立網路電視，希望運用現代科技傳道，以吸引年輕族群。

學者瞿海源[8]認為，我們可以把一貫道界定為具有社會運

動性格的新興宗教，有提升台灣民間信仰為制度性宗教的趨勢。於是當民間信仰還是台灣地區大多數的宗教時，這種提升的運動性格可以幫助一貫道吸收因社會變遷而向上流動的中產階級和社會政治精英。這些人又常常嵌入到與政治權力系統裡去。於是到了一九八〇年初，一貫道已有不少道親是縣、省級，甚至是中央級的民意代表。而在政府行政機構裡、在國民黨內和在各級學校裡，都有一貫道的信徒。其中還有不少地位還相當高，例如有校長，有行政主管，有大學教授，甚至還有將領。在民間，則有許多工商界的企業主，大至集團企業，小至小商店老闆，是一貫道的信徒。這些工商界的道親在許多時候也有相當大的政治影響力。

五、台灣民間信仰

　　民間信仰是一種民間宗教，嚴格來說，它不是佛教、道教、一貫道之外的另一種宗教，而是民間對某些神靈的崇拜，這些神靈，有的取自佛、道，也有自行供奉而成的。民間信仰比較沒有正規的經典和教義，在崇拜的儀式上和祈願的內容上，也比較迷信。就台灣民間信仰的族群而言，它是屬於台灣社會基層人口的泉州系、漳州系與客家系的傳統民間宗教。以文化性而論，它是台灣社會主要的文化現象，更是台灣人賴以安身立命的文化宗教。台灣社會雖然是各種宗教薈

8　轉引自徐正光、蕭新煌主編（1995）。台灣的國家與社會。台北：東大。

集之所在，然而還是以閩粵族群的儒、釋、道，及揉和上列三教的民間信仰等這些傳統宗教最為凸顯。其中儘管儒、釋、道三教均具社會影響力，然而能深入民間基層人口又影響他們的風俗習慣及人生觀、價值觀者，依舊是民間信仰。

　　廣義的台灣民間信仰，泛指各種「拜拜」活動；狹義的台灣民間信仰指的是神道教。台灣民間信仰的宗教觀，對生老病死的安排，認為到廟宇拜拜，透過神與人的庇佑與協助可得平安，注重現實的在世報：祈求子孫延綿興旺、升官發財。有拜拜必焚燒紙錢，在紙錢上印有「財、子、壽」圖案，這就是拜拜具體的祈求：發財、多子多孫、長壽。

　　台灣民間信仰所呈現的各種活動，多采多姿，生機盎然，成為台灣文化的一大特色。在台灣，大約有 70%以上的人口崇尚民間信仰，對台灣社會具有相當重大的影響力，它的宗教活動與風俗習慣相融合，成為台灣多數民眾生活的一部分。

1. 民間信仰的眾神

　　台灣民間信仰融合了儒、釋、道三大系統。除了供奉儒釋道的神祇之外，再加上原籍的地方神明，對聖賢、佛道、家神都列為崇拜的對象，是屬於多神的信仰。

　　先民漢人移民台灣以閩南、粵東為主，在渡台過程中，一要冒台灣海峽風浪的危險，二要冒水土不服生病的痛苦，故原籍的守護神成為移民者精神託付的支柱。故離鄉背井的人，往往手捧著家鄉的神像，肩背祖宗牌位。到達目的地之後，先蓋起茅廬，供上神像與祖牌。這就是台灣人家家戶戶

廳堂上，一定供有神像與祖宗牌位的由來。

移民者的屬性，老同鄉都會住在一起，一來具有共同的生活習慣，二來可相互照顧。村落的形成，即產生公廟，主神通常是原籍的神祇，視當時的需要再配祀其他神明以加強公廟的威力，現今台灣各大廟宇的發展歷史就是沿此模式而來的。

台灣民間信仰的神祇可分為：

自然神格　天公（玉皇大帝）、土地公（福德正神）、北極玄天上帝（上帝公）、四海龍王、雷公、電母、七娘媽（七星娘娘）、風神、雨師、五方天帝、三山國王等天神、地祇、百物之神。

人鬼神格　祖先公媽、媽祖、開漳聖王、孔明先師、清水祖師、保生大帝等先王、先公、先祖、先師、功臣及其他歷史人物。

傳說神格　神農大帝、太子爺（中壇元帥）、齊天大聖、孚佑帝君（呂洞賓）、狩狩爺（豬八戒）等。

動物神格　虎爺、猴將軍等。

植物神格　大樹公（有榕樹、茄苳、龍眼、樟樹、鳳凰木、芒果樹等）。

枯骨神格　有應公（萬姓公媽、大眾爺、大墓公、萬姓爺、水流公、普度公、金斗公、萬善同歸）、義勇爺、義民爺。

2.民間信仰的特色

台灣民間信仰以畏懼亡靈和求福祈報為基礎，因此一切神的崇拜與否就以是否靈驗為標準，只要靈驗，香火就會鼎盛；一旦不靈驗，即使神格再高，也乏人求拜。這種祈求靈驗的標準，導致不問神明的本質，無論天神、人鬼、石頭、老樹，只要有靈驗，就被納入崇拜的範疇，形成如下的特色[9]。

家庭神廟化　台灣民間家家戶戶的正廳，都設有神龕，一面敬奉神佛，一面祭祀祖先。這種神位的設置，是在正廳放置一長方形的八仙桌及方桌，上方掛觀音、媽祖、關公的圖像，配以祖先的神位，樑上懸掛象徵「天公」的天公爐及「三界公」的三界公爐而成。這種家庭神位的功用，一來是為了祭祀祖先，二來是求神保佑闔家平安。

崇拜鄉土守護神　先民歷盡千辛萬苦來到台灣，鄉土情懷和農業社會的互助觀念，使他們有同鄉同姓的鄉土神，在開荒拓土的艱難下，鄉土神更成為民間人民的守護神。常見的鄉土守護神和籍貫的關係如下：

泉州：廣澤尊王、天上聖母、保生大帝、保儀尊王。

漳州：開漳聖王、天上聖母、清水祖師。

粵東：三山國王、天上聖母。

這些鄉土神明在台灣也到處可見。

海神香火鼎盛　先民渡海來台十分艱苦，認為依賴神

9　陳郁夫（1995）。人類的終極關懷——宗教世界概說。台北：幼獅。

助，才能安全抵達。台灣民間對海神的敬奉十分地虔誠，媽祖是其中的代表，祂保佑人民安全渡海，以北港媽祖廟朝天宮香火最鼎盛。其次是王爺，它的本質是瘟神，因為「放王船」的習俗，使王爺廟遍布中南部沿海一帶。此外還有水先尊王、北極真武大帝、倪府聖公等都是海神。

崇拜靈物　基於精靈崇拜心理，因此對自然界的一切特異物體，往往賦予生命因而產生信仰，例如，老樹、奇石、動物、獸骨、泥土等，產生大樹公、石頭公、土神等的崇拜。

畏懼孤魂　在台灣，民間最懼怕的就是「無主孤魂野鬼」一類的亡靈。依民間的觀念認為，人死後要祭拜，否則就會淪為餓鬼，而遭橫禍喪生的，則成為冤魂。這些兇鬼平時到處遊蕩，為非作歹，成為人間疾病和苦難的來源。人們對付這些屬鬼的方法，一方面是驅逐鎮壓，一方面禮敬祭拜，產生有應公、義民爺、千歲爺等等的崇拜。

3. 民間信仰的功能

台灣社會的「生命禮俗」（生育、成年、婚姻、祝壽及喪葬）和「歲時禮俗」（舊曆年節、神明生、做醮）之所以能夠保存得這麼傳統與台灣味，民間信仰正是其中的功勞者。因為這一生命及節日的「過關禮儀」，均藉著台灣民間信仰而行事，同時邀請神明和公媽（祖先）參與其中。

民間信仰是一個民族的精神命脈所在，其背後乃具有一套完整的宇宙觀，也有民族文化中所共同擁有的人文關懷。在當前遺存的民俗文化中，一些看似過時的信仰與儀式，卻

在素樸的形式中含有不可改變的存在力量。民間信仰藉由從未出生到死後成神的各種傳統生命禮儀的舉行，幫助個人與家庭通過種種關卡危難，更讓我們體認到生命的可貴，喚起對生命的尊重；更經由共同的參與，明瞭個體的身分與地位，以及相與帶來的責任與義務，進而增進家族的和諧與團結，凝聚成更有向心力的生命共同體。

4.民間信仰與佛教、道教之關係

大凡宗教都是講愛的，講自我犧牲，從而完成對眾人的博愛。而民間信仰則多數只求個人的福利，拜神祈求自己一家平安。

幾百年來，台灣的民間信仰轉化為生活習俗，宗教觀念轉化為現實生活，這些強烈的宗教色彩，能如此深入而普遍於台灣的每一個角落，不是沒有原因的。台灣的民間信仰，成為社會的道德規範，或個人行為的準繩，維繫了社會、宗族、家族與個人間的和諧秩序。也就是說，台灣的民間宗教力量，真正把個人容納入天、神、人、物一體的自然觀。

今天台灣的民間信仰，已與道教、佛教及其他固有信仰、思想相混，有時甚難區別哪種是純粹民間信仰，哪種則已混有他教信仰。民間信仰所講所信，多半缺乏確實證據，只是根據稗傳野史、父祖及民間傳說而已。因此，台灣的民間信仰，主要是道教、佛教及一般的寺廟信仰，且大部分的寺廟皆由民間創立，寺廟中把神佛供在一起，佛、道不分，以因應人民祭拜的需要。

六、天主教文化

1.源流與發展

　　天主教是建基於以色列民族的一神信仰,他們信仰耶和華,相信耶和華創造了天地萬物,耶和華派遣祂的兒子耶穌來到這濁世宣傳祂的福音。耶穌在世時,便不斷告訴世人:天國已在人間發展。但最後耶穌被他的族人所摒棄且被釘死在十字架上,在最後的晚餐中,他表示願意為人類犧牲自己的生命,並流盡他的血。耶穌博愛的精神感召了許多信徒,但基督信仰在當時並不見容於羅馬帝國,於是這些信徒屢受迫害,相繼殉道。他們的犧牲終於憾動了君士坦丁大帝,在西元三一三年頒布「米蘭詔書」,准許信仰自由,並隨著羅馬帝國的擴張,基督信仰也隨之傳播至全世界[10]。

　　一六二六年,西班牙人率帆船十二艘來到了台灣,道明會士亦跟隨西班牙艦隊前來,傳教的區域慢慢由基隆發展到淡水和台北盆地,進而擴大到宜蘭。然而事事難料,就在傳教區域建立起來的同時,台灣南部的荷蘭人向北發展,荷蘭軍攻占淡水,並於一六四一年占領台灣北部,結束了西班牙在台十六年的占領,也使得天主教在台傳教的盛況成為曇花一現。

---

10 李世偉(2002)。台灣宗教閱覽。台北:博揚文化。

一八四○年鴉片戰爭後，中國在船堅砲利下不得不對外開放，南京條約讓天主教傳入中國；台灣的安平、淡水、基隆、高雄各港先後開放通商，亦開放外人傳教。但因當時仇外情緒高漲，台灣無法見容外人的存在，神父們只得向偏遠地區的原住民傳教。一直等到甲午戰爭日軍接收全台後，教友的生存才獲得保障，各地也才逐漸恢復傳教。

為了對西方國家表示友好，日本政府對天主教抱持著不干涉的放任態度。直到一九三七年蘆溝橋事變，中日戰爭爆發，日人一改以往對宗教自由放任的態度，轉而嚴密監控。二次大戰之時，日人因懷疑外國神父是西方國家的間諜，而限制其活動區域，一九四三年後日本戰事吃緊，對於天主教的外國傳教士，不僅更嚴密監控，還發布「宗教團體法」，控制宗教。天主教在此壓力下，採取妥協的方式，加入日本天主教公教會，受日方教會的管理，不但失去自主性，傳教工作亦無大進展，全省僅約有一萬左右的天主教徒。

一九四五年日本無條件投降，台灣重回中國的懷抱，此時在台的外國神父多已年邁體衰，無法繼續傳福音的工作，傳教工作面臨瓶頸。直到一九四九年，國民政府退居來台，傳福音的工作才又展露新機。

民國五○年代中期以後，台灣傳統的宗教與民間信仰勢力日漸興盛，相對於異文化的天主教更有競爭優勢，加上美援中止，台灣經濟也正在起飛當中，過去那種為了領取救濟品入教的機會不在了。另外，天主教一般對信徒的募養多半採取權威的方式，教友較為被動，無法有效的動員起來為教

會發展作出貢獻。由於以上的原因,使得今天的天主教的發展進入低潮,至今教友依然維持在當時原有的三十萬人左右。

2.信仰與教義

天主所啟示的一切,主要是記載在《聖經》中,它敘述天人交往的歷史,揭示天主對人的計畫;是要人與天主共融,分享祂的幸福。不幸,由於原祖違命,而失去天主預許的永福,但天主由於仁愛無量,又派遣救世主拯救人類,使人能重獲永生。

啟示的宗教 天主教對神的觀念,最先見於《舊約》的〈創世紀〉中的記載,神是獨一無二的,先宇宙萬物而自有,宇宙萬物是神從無中生有,所造化而存在。人是神按照自己的肖像所造,除造了肉身生命之外,並特別賦予靈魂。人雖然肖似神,但他是受造物,對神的認知和真理,必須仰賴神的啟示,不能單從人的內心悟道而得。這是天主教與其他泛神論宗教有別的地方。

三位一體 啟示中最為基本者,天地之間只有一個真神,稱之為天主,但一個天主內具有三位,神學上稱為「三位一體」。《新約》的四部福音中,耶穌基督說自己是受聖父所派遣的子,降凡拯救世人,並行神蹟證明祂的神性,升天以前,預言將派遣聖神降來,聖化信友之精神生命。可知神有三位。但神只有一個,經初期教會教父的詮釋,確定神是三位原屬一體。三位的分別是形上的,是位格的。「三位一體」的奧理,揭露了神的奧祕,也顯示神人之間的深度關

係，人是神所造生，救贖和聖化的萬物之靈。

人的原罪 原罪是有關人生在世界上處境之啟示。按《舊約》記述，人類始祖亞當和厄娃於受造之時，除具有人性，還分享天主的超性生命，能直接與天主溝通。生活在樂園中無憂無愁。後來亞當和厄娃背叛天主，失去樂園，失去與天主共融的幸福，也造成後來人類普遍與天主隔離之處境，失落超性的生命，就是「原罪」。原罪是人們生來就有，就是缺少超性生命，與後天的缺失（罪）不同。後天缺失可因教化而受到糾正；先天的原罪，所喪失的是超性生命，失去人生的終向，必須由天主的主動赦免。這就是聖子耶穌降凡成人，救贖我們的道理。凡信耶穌接受洗禮的人，重新與天主和好，死後得享永生永福。

洗禮聖事 耶穌基督的救恩遍及古今中外的整個人類，如果人不肯接受祂的信仰，就不能得祂的救世赦罪的恩典。因此，人從明白基督的道理，承認自己的過失，革心悔改，領受赦罪的洗禮，成為信徒，才能實際得到基督的救恩。洗禮是天主教的一件聖事，領洗以後，人獲得超性的生命，成為天主聖父的子女，天主聖子的弟兄姐妹，由此，提高人的生命價值，人生活得更有意義。眾人成為基督內的兄弟姐妹，必然能敬主愛人，促成普世人類的平等、自由、博愛。

恭敬聖母瑪利亞 信仰耶穌的人，對耶穌生活和傳教的地方，尊之為聖地。那麼對親生養育耶穌的母親，最後又把死在十字架上的愛子屍體抱在懷中的母親，怎能不表尊敬。耶穌救世的事業裡，沒有比聖母瑪利亞更直接參與的人。天

主教的恭敬聖母，與欽崇唯一的——天主，絕對有區別的。
聖母瑪利亞是天主最寵愛的女兒，我們向祂的祈禱是請祂為
我們轉求天主的恩佑。

3.經典與儀規

聖經　是天主教信仰基礎。分《舊約》與《新約》兩大
部分。《舊約》共四十六卷，分法律書、歷史書、智慧書、
先知書四大類。全書的寫成，自公元前一千三百年至前一百
年左右，逐漸彙為一集，為耶穌誕生前的作品。

典籍　是天主教會一脈相傳，宣導教義、禮儀、靈修、
法典、信條等著作。例如，教會歷屆大公會議的憲章、法令、
宣言、歷代教會權威當局的文獻、教父文集、教宗通諭、文
告、神學家的名著等。

禮儀　禮儀是天人交往的途徑，不是普通所謂的儀式。
禮儀的行為也可以說是耶穌執行祂作天人橋樑的職務，祂藉
著外表的儀式來溝通天人之間的關係。祂領導人們祭獻，讚
美敬拜天主。祂也給人帶來天主的恩寵，使人聖化。所以在
每次舉行禮儀時，耶穌必然臨在。天主教的禮儀，包括七件
聖事、彌撒聖祭、團體祈禱等。

七件聖事　耶穌所建立的七件聖事：「聖洗」、「堅
振」、「聖體」、「告解」、「聖秩」、「婚配」、「傳
油」等聖禮，是祂透過教會來行的外在禮儀，用來溝通天人
之間的關係，聖化著人們，而基督徒也相信在舉行禮儀的同
時，耶穌必會降臨與他們同在。

人要與神溝通的第一步，必須先「領洗」，成為天父的子女，才能獲得基督的救恩，開始其基督信仰的生活。但在生活中，信徒往往會面臨到異教徒的攻擊而有所動搖，所以在生活中必須藉著「堅振」聖事，來鞏固個人的信仰生活；又在領受「聖體」之後，使平凡生命能得到滋養。所以只有堅定自己，主的福音才能得以宣揚。可是「人非聖賢，孰能無過」，犯錯的我們會羞於與主接近，而與真理漸行漸遠，只有在「告解」後，重獲因犯罪而失落的生命，才能維護與天主的和好。「婚配」則是男女一生中的大事，孤單的個人因在世上找到自己所缺的另一半而完滿，他們分享天主造化的功能，延續生命的進行。但對於生命到了盡頭的人，「傅油」聖事，則是強力他們的靈魂，使人無畏於死亡，能勇敢面對，堅定其對永生的信仰。除了上述六件事外，另有「聖秩」此項聖事是一般人所不能行使的，它是祝聖有志效法耶穌的男性青年，成為聖職人員，為信徒和教會服務，這就是耶穌所建立的七件聖事。

七件聖事的行使需有特定的人、時與地，有的聖事還只能領一次。而彌撒祭禮則是深入信徒的日常生活之中，為全體的信徒而舉行。在每個星期天，信徒必須到教堂做彌撒，這是信徒的義務，在彌撒中重行耶穌的救世事蹟。彌撒祭禮有雙重意義：一是紀念耶穌甘願奉獻自己的生命，被釘在十字架上，用祂的鮮血來洗盡世人的罪。二是紀念耶穌在最後的晚餐中，將自己的肉體，作為門徒的靈魂食糧。所以信徒會在星期天到教堂中，一次又一次的體驗耶穌博愛的精神，

也會將自己完完全全交付給耶穌，讓七件聖事半聖化自己，成為主的子女。

教會與神職人員　耶穌從祂的跟隨者中挑選了十二個門徒，與之共同生活，並派遣他們至各地傳播天國的福音，在耶穌死後這十二個門徒成為信徒團體的核心，並逐漸的擴大信徒組織，而形成今天的「教會」。天主教是啟示的宗教，啟示需要有人來保管，而教會的神職人員分享啟示的權威，成為信徒的領導人。

教會的組織就像一個國家機器，只是這個國家是以「基督信仰」來立國，以教宗為元首，統籌管理教會事務，教宗和其中樞組織稱為聖座或教廷，位於羅馬的梵蒂岡，享有獨立主權，並可與各國互換使節，教會內還有修會團體，有國際性的、地方性的，在教區或堂區內協助各種事業及傳教工作。

在神職人員方面分為：教宗、主教、司鐸（神父）、執事等四個等級，負責教友的信仰生活。教區的首長稱主教，主持教區教務。司鐸（神父）是由主教手中接受聖秩成為其宣揚福音的助手，教宗則是宗徒之長伯鐸的繼承者，由樞機主教團選擇產生。而樞機主教則是由教宗自由任命，有選擇和被選舉教宗之權，多數是聖部部長或重要教區首長，台灣現亦有一位樞機主教：單國璽主教，是在一九九八年教宗任命單國璽為台灣地區的樞機主教。

4.天主教在台灣的發展

台灣天主教總主教是由羅馬教廷任命，主教公署設在台北，其中下轄七個教區的主教，亦是梵蒂岡所任命。天主教雖然是一個有中央組織的宗教，但以下又有不同性質的修會組織，目前可知台灣共有二十三個男修會與五十二個女修會，他們各有獨特的靈修活動與社會活動，以下則選擇幾個著名教會作簡要的介紹。

方濟會 修會的目的在於使人響應天主的召喚悔改作補償，效法耶穌安貧樂道的生活。在台灣也是如此，每個神父都盡可能學習台語，並致力於社會慈善事業。

耶穌會 該會創立的宗旨是傳揚信德，完全服從教宗的指派，到天涯海角去傳教。民國四十一年，耶穌會神父才來到台灣，他們十分重視對知識份子的傳教，有些神父便在台灣大學任教，同時也協助成立「天主教同學會」。民國五十二年更創立「耕莘文教院」，這是北區天主教大專同學總會所在，文教院便成立青年寫作班和服務團等，這一類的活動頗受大專青年的歡迎。另外，該會也成立「光啟社」，從事廣播、電視製作、出版社等文化事業。

耶穌聖心女修會 耶穌聖心女修會於民國四十五年以來，該會的修女主要在台中、南投、彰化一帶傳教。教育方面則參與靜宜大學及光仁小學的教務與輔導，此外也從事特殊教育工作，對聽覺障礙的兒童施以口語訓練。

整體說來，台灣天主教本身的勢力雖然不大，但他們秉

持奉獻天主的精神，在許多的慈善救濟事業比大多數的宗教做的更為深厚。

在天主教所作的社會工作中，教育工作是一個重點，在大學方面有輔仁大學與靜宜大學，中小學像衛道中學、曉明中學、聖心女中、道明中學、海星中學、光仁國小等，都是其中較著名的。在慈善救濟的對象，則含括孤兒、貧苦老人、遊民、病患、原住民等，值得一提的是，天主教的神職人員為了強化社會服務的專業能力，大多會對自身的服務工作從事進修活動，許多神父、修女都擁有博、碩士學位，對天主教人員的素質與專業形象有正面的示範作用。

七、基督教文化

1. 源流與發展

基督教的創始人耶穌，即是基督，在《新約》裡面的〈福音書〉，對祂有詳盡的敘述。耶穌自稱為上帝的獨生子，得到上帝的啟示，基督教因而自稱為「啟示」的宗教。

在西方，基督教本身的發展歷史是相當地曲折的：

「基督教」是源自於「猶太教」的「羅馬天主教」。自耶穌基督始，至後來的使徒時代，「教會」的雛型可說是儼然成形，但由於其所堅守的信仰，為當時羅馬帝國統治者所不容，故屢遭迫害。

自西元三一三年羅馬皇帝君士坦丁接受其信仰，並使其

成為國教，此即為羅馬帝國政教合一的開始；亦因此基督信仰藉帝國之聲威廣布各地，其中，位於羅馬之教會發展迅速，故設為教廷以管理其他教區，「羅馬大公教會」焉然成立。

十六世紀的二〇年代，德國馬丁・路德首先發起宗教改革；其後，喀爾文在瑞士跟進，加深了基督教勢力。英王亨利八世也組成具有獨特形式的教會，擺脫教皇的管轄。到十六世紀中葉，基督教的三個主要宗派，即馬丁・路德創立的路德會，喀爾文創立的喀爾文教和英格蘭國教聖公會都已在歐洲出現，與羅馬天主教相抗衡。路德會分布於德國大部和北歐諸國包括丹麥、挪威、瑞典、芬蘭等。喀爾文教教區在瑞士、德國和荷蘭一部分，聖公會主要在英國。此外，尚有浸信會、衛理會、貴格會、安息日會等。

2.經典與教義

天主教雖然不否決《聖經》的權威，但堅持《聖經》的解釋權屬於教會。實際上等於把最高權威集中在教會和教皇身上。基督教主張惟有《聖經》才是最高權威，每個信徒都可以借聖靈的引導，直接從《聖經》領悟上帝的啟示和真理。基督教雖然接受最初幾次公會議關於三位一體等的教義和有關的言論，但並不能和《聖經》等同看待。當然基督教更不受後來天主教歷次公會議的決議和教會法規的約束。宗教改革以後，基督教將《聖經》譯成各種民族語言，並致力於《聖經》的傳播和註釋工作。但基督教各派對《聖經》的解釋並不盡一致，長期存在著一些爭議。

　　基督教反對崇拜聖像和聖物，並一致拒絕天主教的彌撒，認為用拉丁文不易為信徒所理解，且由神職人員包辦，一般信徒處於被動地位，不符合人人都可直接與上帝溝通的原則。因此基督教很重視崇拜儀式的改革。

　　在崇拜儀式上，基督教是將彌撒改為使用民族語言的聖餐禮文，並逐漸以較為靈活的形式，引用《詩篇》、經課、禱文等，由信徒參加誦唱。由參加禮拜的全體信徒同唱讚美詩，是基督教在崇拜儀式上的特點之一。有些宗派還編成專書，供公開崇拜之用，如聖公會的《公禱書》、舊正宗的《禱告式》等。

　　而基督教在崇拜中也很重視講道的作用，其內容為解釋《聖經》，宣傳教義，以堅定聽眾的信仰和誘發宗教的熱忱；有時還從教義出發對社會、政治、道德問題作出評論。

　　基督教在禮拜堂建築、陳設布置以及宗教服飾上，並無一致規定。有些教會較為重視保留傳統的教堂藝術和宗教表像如聖像、聖畫等，儀式也較繁複。有些教會則崇尚質樸、儀式較簡化，教堂內外除十字架外，一般不多用其宗教表像，有的甚至連十字架也不用。

3.荷蘭人來台的影響

　　在十六、七世紀之際，西歐各國為拓展商務及占領海外殖民地，在世界各處擴張勢力。其中，信奉基督教的荷蘭人，在南洋拓展海外商務之際，也積極向土著傳教，以便使占領區內的民眾歸服。

西元一六二七年，東印度公司派遣第一位宣教士甘迪紐斯（G. Candidiuns）抵台。他一面為熱蘭遮城的荷蘭人舉行禮拜；另一方面他更向附近的原住民「西拉雅人」傳教。不久，他就進駐西拉雅人居住的新港社（接近今台南線新市鄉）更積極地進行傳教，效果卓著；至西元一六三三年，新港社的西拉雅人大部分信仰了基督教。

而後，宣教士尤紐斯（R. Jnuius）被派來台。他除了積極佈教之外，更開始注重教育。他首先以私人費用開辦學校，以羅馬拼音教授西拉雅語言，這就是所謂的「新港文」；之後，更得到東印度公司在台總督資助，得以在其他地區設校，至此宗教與教育並行，使宗教之傳佈有教育作為基礎；因「識字」乃閱讀宗教讀物之要件，此一做法實開日後長老教會識字化運動之先河，而這樣的傳教形式一直持續到荷蘭人離開台灣。

台灣的傳教工作從荷蘭人開始。但自鄭成功來台，將荷蘭人驅逐之後，因他在國防上高舉「反清復明」、在文化上「驅逐異族文化，以維護中華文化之道統」的口號，故基督教於此時，在台灣幾無任何發展。

西元一八七一年，加拿大基督教長老教會宣教士馬偕（George Leslie Mackay）博士抵高雄，隨即在次年春天前往淡水，並正式以診療的工作傳教。至此，台灣南北兩個基督教長老教會在六年間先後創始，並在日據中期後逐漸聯合，如今台灣基督教長老教會已成為全台歷史最悠久、規模最龐大的基督教團體。

　　甲午戰爭後，台灣割讓給日本。西元一八九五年，日本占據台灣，來台的二萬餘人中有不少基督徒。日本人入台後，最初組織基督教一致會，無論派別，凡基督徒均可參加。其中有日人中村慶治從軍來台，退伍後自願留台傳教，因此請求日本基督教會傳道局差遣懂英文之青年宣教士來台。西元一八九六年，日人河合龜輔牧師抵基隆，暫借馬偕博士所監督之北部長老教會的艋舺教堂集會，此為日人基督教徒在台傳教之發端。

　　就基督教在台灣全盤變遷之趨勢而言，光復後的二十年間是成長期（民國 34～54 年），但至民國五十四年以後則成了停滯的局面，而若從人數上來論之，則民國五十四年以後，基督徒的成長速率是不如台灣的全人口成長率。

　　台灣光復後的二十年間，何以是基督教發展的成長期？其原因可能是基督教團體一直以來都有社會救濟的服務，尤其是在那一個生活困苦的年代，因此得以吸引許多人。

　　然自民國五十四年以後，由於人民整體的生活水準提高、政府對於宗教傳佈的限制漸漸鬆綁，並且中國傳統的宗教與民間信仰勢力大增，使得基督教對於人們的影響力大減。故至此以後的基督教發展，在相對人數上是處於停滯的局面。

4. 基督教在台灣的發展

　　從十七世紀基督教傳入台灣以來，雖經過許多不同團體在幾個不同時期的發展演進，但是，整個基督教界對於台灣的社會服務，尤其是教育與醫療方面，其影響是相當深遠的。

　　長期以來，基督教教會對於社會工作可說是不遺餘力地在奉獻。特別是對台灣偏遠地區進行醫療及各種物資的支援。只是隨著台灣經濟的起飛，物資的救濟支援就轉向國外，並鼓勵本地教友積極參與；但醫療上的支援仍然是重點，像馬偕醫院增設淡水及台東分院，門諾教會支持的門諾醫院，以及其他各地的基督教醫院等，近年來，更重視醫院與社區的互動，亦給人們提供了一個心靈的安息之處。

　　基督教會另一個社會服務重點在文教工作。雖然教會原初的構想僅為讓人們識字，進而可解讀基督教經典，並介紹一些西方的科技知識；但漸漸地，這些由教會所支持的教育機構，亦成為國家作育英才的重鎮，像東吳大學、東海大學、中原大學、真理大學等均屬之。

　　現今，有鑑於社會之經濟、生活水平高度發展，但人們的心靈卻愈顯得空虛，故許多教會多發起許多教友團契，邀請慕道友參加，一同讀經禱告、參與社會服務工作，以尋覓出人生的意義。

八、多元文化與宗教信仰

　　人是什麼？人從何處來？如何解脫痛苦？人生的意義為何？這些無法由常識和科學中找到答案的終極問題，人類常常仰賴宗教的解答。從原始宗教、傳統宗教到新興宗教，宗教伴隨著人類的文明興起與發展。今天，全世界很大部分的人信仰著各種不同的宗教，在台灣地區，我們也常看見各式

的廟宇、教堂或是神壇。由於信徒虔誠的「信」，使得宗教
能夠產生廣大的影響力，但也可能過於「信」，而使得不同
教派間會產生嚴重的對立。

　　如果各個宗教信仰皆堅信自己的教義，自我獨尊，認為
只有自己信仰的宗教才是真、才是善，對於其他宗教的教義
無法包容，就極可能造成各個宗教，甚至同一宗教的不同教
派間的衝突。綜觀人類歷史中，因為宗教信仰而引起的戰爭
不計其數。宗教本叫人為愛、為善、崇尚和平，若因為宗教
偏激或宗教狂熱，給人類世界帶來很大的災難，實在是在多
元的社會中所不樂見的。

　　在今天這個多元文化的社會中，宗教信仰依舊提供人們
重要的精神慰藉，也惟有互相包容與理解，才能在這個世界
中和平共處，相得益彰。因此身處在多元文化之下的我們，
應該拋棄宗教偏見，用寬廣的心看待不同的宗教，了解各宗
教的主要精神內涵，擺脫迷信與狹隘的眼光，抱持多元文化
的包容心情，以慈悲、博愛的胸襟，發揮各宗教積極行善、
服務濟世的精神，讓我們的生活世界達到愛與和平的境界。

參考書目

內政部（2003）。宗教簡介。台北：內政部。

內政部民政司宗教輔導（2004）http://www.moi.gov.tw/dca/relig-
　　ion01.asp。

李世偉（2002）。台灣宗教閱覽。台北：博揚文化。

徐正光、蕭新煌主編（1995）。台灣的國家與社會。台北：東

大。

陳郁夫（1995）。人類的終極關懷——宗教世界概說。台北：幼
　　獅。

羅偉國（1999a）。佛教的奧祕。台北：新潮社。

羅偉國（1999b）。道教的奧祕。台北：新潮社。

第五章

鄉土與多元文化

「讓我們了解自己的生長環境，認識自己的文化特色，
而踏實的生活在這片土地上。
讓我們明白自己的生長背景，懂得人我之間的和諧相
處，而更愛惜這塊土地。」[1]

一、鄉土的意義

俗話說：「月是故鄉明」，它意味著縱使我們遠離故鄉
處於異地，家鄉的事物也仍然是最美好的。這句話對於身處
外地求學或是工作打拼的人們尤其適用，每當抬頭望望明
月，特別是在一些特定的節日，一股思鄉的情緒油然而生，
這時就會不由自主的想起了自己故鄉的點點滴滴，也會深深
的覺得自己家鄉的月亮比任何一個地方的月亮都還要明亮、
清晰。「每逢佳節倍思親」就是這種對思念自己家鄉的貼切
寫照。

我們每一個人對於自己出生以及生長的地方，都會擁有
一份相當特殊的情感。它深植在我們的心中，不論是否還居
住在那裡，這些地方總會在我們的心田留下特別的回憶。時
常，我們會聽到有人說：「鄉土、鄉土」，但一般人對鄉土
這個概念，有的認為是指人們出生的地方，或幼年成長的地
方；另外，則亦有認為鄉土是人們的生活空間，人們為了維

---

[1] 台北市教育資料館（1995）。國民小學鄉土教學活動的概況、國民
小學鄉土教學活動的實施。台北市教育資料館錄影帶。

持生存，於其中進行各種活動[2]。

　　那麼到底鄉土的意義是什麼？該如何界定呢？其實對鄉土的定義，說法相當多，學者專家的意見也有所不同，有人認為鄉土是出生成長的地方，為固定不變的，但有些人則覺得鄉土是因個人而異，是會改變的。王伯昂（1948）將鄉土定義為鄉土是屬於吾人所居住之本鄉本地的一切自然和人為的環境。王宏志（1955）認為鄉土是兒童活動的範圍、接觸的環境。而夏黎明（1988）則認為鄉土是具有高度普遍性的概念，鄉土經驗得自於空間上的接觸，其具體內涵會隨人而異，同時，必須透過主體的自我意識後，才能呈現自我的鄉土意識[3]。

　　由上述各學者的主張來看，廣義來說，鄉土即是指人們出生成長的地方或是長期居住的地方，它包含了時間與空間，生活經驗與情感的認同等層面，所以它除了具有單純的自然區域外，並具有共同生活之體驗[4]。

　　由於鄉土這個概念蘊涵了經驗、情感、空間等因素，因此它影響了人們的行為舉止和生活習慣，並與我們息息相關。或許大家都有這樣的經驗吧！當在認識新的朋友時，總是會禮貌性的打個招呼寒暄幾句，習慣上一開始都會問：「你是哪裡人啊？」、「我是xx人」、「喔！那裡是不是有……相

2　黃政傑（1994）。鄉土教育的課程設計。師友，324，頁9～12。
3　陳美如（2000）。多元文化課程的理念與實施。台北：師大書苑。
4　喻麗華（1996）。立足本土，放眼世界──鄉土教育的時代性與前瞻性。國教之友，47（4），頁18～24。

當有名啊？」，接著心裡就會開始想像他是哪裡的人，應該有什麼樣的習慣或是行為，這就表示我們對某些地方的認識，會進而對於他人產生印象。所以鄉土可以說是一個人的根源，占有十分重要的地位。當我們能清楚的接觸了解鄉土，就會愛惜這塊先民所開墾耕耘的土地，然後傳承這裡所保留下來的文化。繼之則能藉由認識各地的鄉土特色，而由認識自己到了解別人。

二、鄉土教育的功能

近幾年來，教育改革受到大力的提倡，許多教育改革的措施紛紛出籠，九年一貫鄉土教育的推動就是其中的一個項目。簡單來說，鄉土教育為教導學生學習鄉土文化的一種教育，它的目標就是讓學生能學習到鄉土語言、歷史、環境、文化等，從中認識、認同自己的鄉土，並由鄉土情、中國心，到世界觀，以能在現今多元文化的社會中，培養出認同自己也能尊重他人，以及欣賞不同文化的胸襟。所以鄉土教育是一種人格教育、一種生活教育、一種民族精神教育、一種世界觀教育[5]。

那麼，鄉土教育為何受到重視呢？這是因為鄉土教育有其功能所在，鄉土教育的功能可以分成以下幾點：

5　歐用生（1995）。鄉土教育的理念與設計。台北：漢文書店。

1.提升和培養人文素養

科技資訊發達，各類傳播媒體發展迅速，人們變得只追求物質上的滿足，享受物質所帶來的快樂，反而欠缺了內在的涵養，因此更該經由鄉土教育來培養這種人文氣息，讓身心都能達到調劑，由對鄉土的學習達到提升人文素養的目的。

2.保存和發展鄉土文物

鄉土文化通常是經由時間不斷慢慢累積，因此是相當珍貴，需要加以維護和保存的，透過鄉土教育讓學生產生對鄉土的歸屬感，懂得珍惜愛護自己的鄉土文物，為自己的鄉土盡一份心力，除此之外，還能把這些鄉土文化發展擴大出去，讓其他人也能體會自己鄉土的特色。

3.傳承各族群母語

母語教學為鄉土教育的一部分，過去由於受到國際化的影響，學校往往只重視英語教學忽略母語教學，為了因應本土化，現今開始強調母語的重要性，學生可以藉由課程學習到自己族群的母語，不再只是對自己的母語感到陌生，或是甚至有連聽都聽不懂的情形，而鄉土教育對傳承各族群的母語有其功能所在。

4.發揚傳統民俗技藝

一些歷史久遠的傳統技藝似乎有逐漸沒落的傾向，例如

有些曾經轟動一時的民俗活動，現在可能只剩下寥寥無幾的人士在默默付出，有時候想觀賞一些傳統民俗，除了不容易找到外，不然就得碰碰運氣到文化中心去看看是否因為有活動而擺有攤位。鄉土教育的功能正是在介紹、發揚這些傳統技藝，讓大家都能了解哪些年代、哪些地區有流傳下什麼樣的傳統。

　　從上述多方面向的功能看來，鄉土教育不僅深化了人民的鄉土意識及認同，它更成為發揚鄉土文化傳統與精神的主要模式。既然鄉土教育可讓我們的鄉土文化繼續發揚傳承下去，那麼作為台灣特有的鄉土文化內容究竟為何？台灣持續至今的鄉土文化有無發展出新時代的意義及使命？以下將就台灣本土所發展出的鄉土文化特色作概要的介紹。

三、台灣的鄉土之美

　　台灣位於中國大陸東南方的太平洋上，在兩者之中，雖有一條俗稱為「黑水溝」的台灣海峽將兩岸的地域及人民情感分隔開，然而卻阻不斷血統及文化的聯繫。不可否認的，台灣曾是一個移民天堂，在四百年前的明清時代，我們的先祖在荷蘭東印度公司的召募下，紛紛從中國大陸大舉來台進行開墾，隨後並在這塊葡萄牙人所稱「福爾摩沙」的土地上建立家園。在早期渡台人士裡，以居住於華南地區之閩南及客家族群為主。於是，定居在這塊土地上的人，也就從原來的原住民族大量增加了漢族。因此，我們可以說，現今的台

灣，是由多元的族群所構成，因而成為一個融合多元文化的
社會。

　　在過去歷史中，台灣因為地理位置特殊以及經濟價值考
量，屢屢遭受外國文化的入侵。由於明清時代歐洲國家海權
的擴張，台灣的殖民時期即由荷蘭首先於台灣的南部開啟，
接著西班牙於台灣北部進行占領，最後則經歷日本帝國主義
之洗禮。因此，在幾次被殖民之後，台灣的鄉土文化遂於傳
統的中國文化中，添加了些許異國色彩。然而，這些異國的
風味，大多是表現於現在仍存的建築上（如，淡水的紅毛
城）、宗教信仰上（如，天主教、基督教等）以及習俗上
（如，孤鸞年的說法），至於台灣主要的鄉土文化與傳統習
俗則仍是以中國文化為主。只是由於不同的地理區域及人文
背景，則又各自發展出富有特色的地方鄉土文化。

　　以下即稍略分類為幾種鄉土文化特色，並各列舉兩種鄉
土文化之代表，以為台灣饒富特色之鄉土風情來做初步的導
引及介紹。於此，大致上共歸納出以下五種鄉土特色，分別
是：民俗活動、傳統技藝、傳統建築、原住民藝術與創新藝
術等，以期能多方觸及台灣鄉土文化之內涵。當然，台灣極
有特色的鄉土文化類型與代表並不僅止於此，台灣鄉土文化
的多元及豐富，是無法一一道盡的。因此，以下僅就依上述
特色背景而作摘要介紹。

1.民俗活動

平溪天燈

位於台北縣東北部的山區裡，有一個近年來頗負盛名的小鄉村叫做平溪。在這座寧靜樸實的山城裡，有著一項流傳以久的民俗活動，那就是元宵放天燈的活動。這項民俗活動，在台北縣政府、平溪鄉公所以及地方居民的大力推廣之下，漸漸成為一個廣為人知，且具有地方文化色彩的特殊習俗。每到元宵節時，人們就會簇擁來到此地親自施放天燈向上天祈福，或觀賞天燈冉冉升空的美景。如此一年一度的元宵活動盛況，使得平溪的天燈成為台灣北部最具有地方民俗色彩的文化活動，也因此能與台南的鹽水蜂炮齊名，而有「北天燈，南蜂炮」之稱。

天燈的源起，相傳是由三國時代蜀國的軍師諸葛亮所發明。然而發明原因的說法[6]卻有些許不同。有一說認為天燈是諸葛亮為掩飾其之將死所發明的戰略工具。諸葛亮為避免同樣精通星象的魏國將軍司馬懿因此發動攻擊，便發明出一個本命燈的替代品，以當作安定軍心、蒙蔽敵軍的武器。另一說則認為天燈乃諸葛亮征伐南蠻時所發明，為了達到快速傳遞軍情的目的，便利用熱空氣上升的原理製造出了天燈。因此，可見天燈最初的發明，是被用來作為軍事或通訊的用途，已與今日用來向上天祈福的功能大異其趣。

6　鍾明盛主編（2000）。平溪之美：天燈民俗文化產業史。台北：平溪鄉公所。

　　平溪施放天燈的傳統究竟何時開始，亦有不同的說法。通說認為，天燈大約是於清朝道光年間（1821～1850 年間），由來自福建安溪縣及惠安縣之先民傳入至今日的平溪十分寮地區。根據當地耆老的說法，由於當時地處偏遠山區的平溪十分地區，每逢年節時分時就常有盜匪出沒騷擾聚落，因此使得平溪人必須逃避山中以避禍害。待危難過後，才由留守村中的壯丁施放一盞盞的平安燈，以互報平安並通知鄉人返家。由於當時鄉人大多於元宵節返家，因此元宵節放天燈的習俗遂流傳下來。由是，沿襲至今，施放天燈即由軍事通訊用意轉為祈福、許願之意。

　　這項綿延了一兩百年的傳統民俗活動，在政府及地方人士的大力推動下，終於使這個富有地方特色的鄉土文化，能在這樣繁忙的現代社會中大放異彩。時至今日，平溪的天燈已不再具有往日悲苦的因素，取而代之的則是藉由天燈上的詞語，以傳達對人與國家社會的關懷。而這也是天燈民俗對現代社會所欲傳達的生活意義與價值！

宜蘭搶孤

　　頭城鎮，位於宜蘭縣最北端，從前就有「開蘭第一城」之稱，在台灣東部開發史上相當具有意義。

　　搶孤，是中元節祭典中特殊的活動之一，在台灣有許多地區都有這項活動，例如，恆春、頭城等，而以宜蘭縣頭城鎮的搶孤活動規模最大，搶孤這樣一項傳統民俗活動，是由於在早期漢人離鄉背井渡海來台，進入宜蘭開墾，在這期間因為天災、疾病及人禍的影響，傷亡的人非常多，因而在每

年的農曆七月，也就是我們所稱的鬼月，由居住在附近八大莊的居民，出錢、出力或是提供資源來舉辦普渡儀式，準備祭品祭拜這些孤魂野鬼，搶孤通常是在農曆鬼門關之前舉行，為中元普渡最後一項儀式。

　　搶孤的習俗，起源很早，但無法追溯其開始的年代，最早的文字記載在清道光五、六年間，噶瑪蘭通判烏竹芳，在〈蘭城中元〉詩中，對搶孤盛況加以描述：

　　殽果層層列此筵，紙錢焚處起雲煙；滿城香燭人依戶，
　　一路歌聲月在天。明滅燈光隨水轉，輝煌火炬燒街旋；
　　鬼餘爭食齊環向，跳躍高台欲奪先。

　　由於搶孤過程激烈刺激，人潮擁擠，互相推擠，造成了不少傷亡，相當危險，一八八四年時，台灣巡撫劉銘傳就曾下令禁止舉辦，加上孤棧上的食物放置太久影響衛生、搶孤活動花費太多經費等因素，中途斷斷續續，停辦又復辦，直到民國八十年為了紀念吳沙開蘭一百九十五週年才恢復舉行。

　　搶孤中所搭建的孤棚，上面綁滿了不同的食品，分別是由頭城鎮附近八大莊、屠宰商、米粉商等所提供，以當地名產或特產為主，例如，中崙保的魚蝦棧、金面保的豬肉棧、打馬煙保的魚小卷棧等，共有十三棧等。十三根孤棧中，最高點的一根棧尾所綁的是黃色的順風旗和金牌，這是搶孤活動的目標，通常只要順風旗一被奪下，就會有許多船主用高價來搶購這把旗子，傳說只要把順風旗掛在船桅上，將可以

保佑出海捕魚平安順利，漁獲量豐收、賺大錢。

孤柱的總高度最少有十層樓以上，參加搶孤活動以五個人為一隊，每隊有一根孤柱，參賽者只被允許攜帶繩索攀爬，活動是在午夜子時展開，當鑼聲一響起，各個隊伍以疊羅漢的方式攀爬，最先奪得最高孤棧上的順風旗的就算獲得勝利，由於孤柱上塗抹了油和羅黏香，非常滑，所以大多活動進行到一半時，就可能因為手滑而滑了下來，搶孤的過程刺激又驚險。

首先登上孤棚的人，依照往例能獲得放置在孤棚台四角落的豬頭，接著將糕餅向下倒給觀眾，以表示吃平安，而後爬上孤棧，以小鐮刀砍斷棧尾繩索，奪下順風旗和金牌，就能成為勝利者。

搶孤這項活動目前已經成為宜蘭中元普渡時的重要民俗活動，它蘊涵了人溺己溺、人飢己飢的精神，同時也是具有挑戰的運動競賽，充分發揮了團隊合作精神，是地方上的重要大事。

2.傳統技藝

大甲草編

位於台中縣的大甲鎮，有著一項遠近馳名的手工藝正準備從已沒落的產業中東山再起，那就是大甲的草編藝術。大甲享譽國際的草帽與草蓆，由於手工製作精巧，造型美觀又透氣，遂成為極具有地方特色的手工藝品。然而，若未經考究，也許人們會以為草編藝術即為大甲的地方特產。事實上，

大甲的草帽與草蓆之原產地並不在大甲，而是在大安溪北岸的苗栗苑裡鎮。因為苑裡生長著用來編織草帽與草蓆的藺草，因此，草帽與草蓆的編織技術便是由此地開始向外擴展。

今日，大甲已取代了苑裡的地位，成為享有草編藝術之譽的地方小鎮，這應要歸功於其交通地理位置在昔日的重要性。由於早期海線鐵路尚未完成，因此附近交通不便的鄉鎮便以大甲鎮為當地的集散中心，並以其港口大安港為對外貿易的管道[7]。基於這樣的因素，苑裡與當地的帽蓆商便紛紛湧至大甲鎮上開業，並冠以「大甲」之名。也因此，大甲草帽與草蓆之名聲遂逐漸遠播，甚而凌駕於原產地之上。

大甲帽蓆的編織技術流傳已久，相傳關於以藺草編織的最早記載是在清雍正五年（1727年）。當時，住在苑裡的平埔族婦女蒲氏魯禮和娜斯烏茂二人即曾摘取大安溪下游沼澤地帶野生的藺草，將之曬乾壓平後，編成草蓆、籠頭等用具。到了清乾隆三十年（1765年），雙寮社的原住民婦女加璐加曼才將此技藝精緻化，把藺草撕成細條，織成質地更柔軟精緻的草蓆[8]。由於用藺草編織成的草蓆，帶有草香味，後來更經漢人改編成帶有美麗圖案的「加紋蓆」，因而成為今人喜愛的商品，並成為當時大官、富紳進京時的最佳貢品及禮品。

至於大甲草帽的來源則有不同的說法，但是大致上都與一位居住於苑裡，編織技術高超的婦女——洪鴦女士有關。

7　蓬山古城 http://vm.rdb.nthu.edu.tw/taiwan/41th/p30.html。

8　唐健風主編（1999）。歡喜新台灣。台北：中華文化復興運動總會，頁167～168。

洪鸞女士以種田及編織草蓆為生，據說，大甲草帽即是洪鸞女士為保護其頭上生瘡的幼子免受蒼蠅叮咬，而利用藺草仿製洋人的呢帽修改編織而成的。除此之外，另有一種說法則是據說在日據時代，總督府苑裡辦務署署長淺野元齡，在巧遇正在編織精美草蓆的洪鸞女士時，隨興的請其仿編小禮帽所研發而出。不論說法為何，草帽確實因此於草編手工藝上引起流行旋風。在洪女士的傳授推廣之下，編織帽蓆亦遂成為中部沿海地區婦女的主要副業，進而累積發展成重要的產業文化。

　　然而，近年來因新式工業以及台灣科技的發達，大甲鎮民早期賴以收益的大甲草蓆、草帽產業即逐漸沒落，傳統技藝也面臨失傳。幸而，在目前鄉土意識的激發之下，這項傳統技藝已展現出新的契機。在當地政府大力的支持下，除了官方致力於推廣草編藝術的活動外，該鎮居民亦凝聚力量設立了藺草編織班，研習傳統草編工藝並研發新式編織品，以期能落實文化傳承，並將草編藝術的傳統與現代功能結合。基於這樣的努力，這項傳統工藝終遂得以融合現代新風貌而保存下來，並重新獲得豐沛的生命力。

美濃工藝

老妹出身美濃莊　　山明水秀好地方
那一噯上山採柴　　老妹也來
噯唷噯唷縢〇來　　大家都對美濃來
翠屏山水風光好　　安居樂業萬年昌

那一噯上山採柴　老妹也來

噯唷噯唷滕○來　大家都對美濃來

——客家民謠《半山謠》

美濃，位於高雄縣東北隅，形狀類似坐蛙，這個地名原本稱作「獼濃」的小鎮，後來在日據時代改稱為「美濃」。這裡地靈人傑、風景優美，並存有許多名勝古蹟。在這農業社會結構的小鎮中，有著濃厚的客家民俗氣息，除了以純樸的民風著稱之外，傳統美食及手工藝術亦成為地方特色。

對於美濃工藝的直接聯想，不是紙傘就是陶藝。紙傘有鄉土懷舊的氣息，是台灣地區保存歷史悠久的民俗藝術，充滿詩情畫意。而其所代表的意義則除了遮陽避雨外，更有下列象徵：首先，在客家習俗中，因為「紙」和「子」為諧音，因此用一對傘作為嫁妝，即有早生貴子的意思；其次，在「傘」字結構中，總共有五個「人」字，因此有多子多孫的意思；再來則因傘面呈圓形，因此象徵著圓滿、緣分等意思。通常一把紙傘可以使用三年，如只是裝飾也可以長久收藏保存。

美濃聚集了幾家製傘的工藝中心，紙傘的製作有十大步驟。首先是精選富有彈性、堅硬不容易折斷的孟宗竹來製成傘骨的部分，繼而繞線、裱紙、上柿子水、收傘及曬傘、繪畫、裝傘柄、刷上桐油、釘布頭和纏柄、穿內線，如此經過多重的手續，最後一把典雅的美濃紙傘就出爐了。依照這樣的功夫，一位技術熟練的製傘師傅最多一天可以製成一至二

把的傘，因此更加顯現出紙傘的珍貴。

　　至於美濃陶藝則是新興而起的，雖然並無悠久的歷史，卻也得「北鶯歌、南美濃」與「陶藝之鄉」之稱。它的發展雖然沒有像鶯歌陶瓷那樣的繁盛，但也因為本身的規模較小，所以能迅速的崛起。然而也由於朱邦雄先生創先設立美濃窯，帶動了美濃地區的陶藝發展，因此許多陶藝窯或坊也跟著陸陸續續的出現。

　　陶藝製作過程，大致上分為練土、塑形、題字、素燒、上釉以及釉燒等過程。在此，練土即是將陶土的空氣排出並均衡乾濕與柔軟度；塑形則是將坏土塑造成形；題字就是題上喜愛或有意義的文字及詩詞；素燒則是以七百到八百的熱度燒製，以達長久保存；上釉是要增加造型的美觀；而最後進行的工作釉燒則是製成品的第二次燒製。陶藝的創作要有藝術感以及熟練的技術基礎，所以不管是找尋合適的土質、厚度是否有不均勻的情形、窯燒時溫度的控制等都是要注意的地方，由此可知陶藝製作是一項不簡單的手工藝術品。

　　美濃的工藝，除了大家所熟悉的紙傘與陶藝外，尚有串珠門簾、繡花鞋、置物籃和傳統民藝等，在美濃，還有許多風俗和文物是值得了解的，富含特別的意義，例如，敬字亭，又稱為惜字亭，有三百年的歷史，現在為三級古蹟，它表現出美濃人珍惜文字重視文化，注重子女的教育，提供讓鄉民焚燒字紙，表示對文字的敬重，這種文化有助於培養讀書的風氣，所以我們可以常常聽到美濃地區出博士的說法。另外尚有菸草、藍衫等文化均有其特色和價值。

3.傳統建築

三峽祖師廟

　　鄰近台北都會區的三峽，蘊藏著一座傳統信仰與藝術結合的廟宇——三峽祖師廟。此座廟宇建立於清乾隆三十四年（1769年），由福建安溪人所成立。祖師廟的建立之初，原是為撫慰遠離家鄉奮鬥的思鄉之情，並安撫因族群衝突而產生的不安情緒，然而經過長期時間的供奉後，如今也已成為一個遠近馳名的信仰中心了。祖師廟裡供奉著的是保護人民免於災難的清水祖師爺，有關清水祖師爺的傳說則有數種版本。廟方的說法認為祖師爺是被明太祖追封為「護國公」的南宋抗元將領——陳昭應；而另外有一說則認為祖師爺是為鄉民解決乾旱的得道高僧「麻章上人」。不論說法為何，可見祖師爺在鄉民的心目中皆是一位解救百姓免於苦難的英雄。除此之外，這位受人敬愛的神祇背後還另有引人發噱的別名——「落鼻祖師」與「烏面祖師」。原來傳說中，只要一旦面臨天災地變之際，祖師爺的鼻子就會掉落以向鄉民示警；祖師爺的顏面，也因曾與惡鬼鬥法而被煙火燻得烏黑，而得此別名。

　　祖師廟是今日三峽的信仰文化中心，然而其建築本身卻經歷了震災、火災以及老舊破敗的災變，因此曾進行了三次重大的重建。這三次的重建尤以第三次的規模最為宏大，歷時也最為長久。整整三十六年間，皆是由藝壇界頗負盛名的西畫家——李梅樹教授所主導並設計規劃。李梅樹教授憑著

其本身的藝術素養，將祖師廟設計為一座融合中國歷史、文化、寺廟藝術及西洋美術技巧的廟宇。並依照其建廟的理想，對廟內的裝飾及架構進行精雕細琢，將祖師廟塑造成一個宏揚傳統文化，繁榮當地經濟，以及以藝術之美善化群眾的地方[9]。也由於李教授的堅持，使得這座細緻出色的廟宇得以成為三峽的地標。

今日的三峽祖師廟，是由前殿、正殿、後殿及左右護龍所建構而成。它是一座以石為基以木為頂的廟宇，並由傳統的建築工事與民俗技法建築而成。因此，廟內除了可見「斗栱」、「網目」、「雀替」[10]等傳統建築技術應用於其上，於一般廟宇可見的鎮廟石獅亦現於前殿。此外，廟宇中不可缺少的法器——鐘與鼓，在這裡也依照著舊有習俗，懸設在東西兩護龍之上，並各於其下供奉日神及月神，以祈求風調雨順，國泰民安。在如此因循著傳統而為的建築習俗下，一些為李教授所特別設計之工事，就顯示出了這座廟宇的與眾不同。如廟內銅製的廟門、雕像以及部分壁面，即是台灣廟宇雕刻的首創。如此的手法，不但為祖師廟增添了富貴華麗

9　三峽祖師廟 http://www.contest.edu.tw/87/endshow/4/site/adytum/ad-ytum.htm。

10　斗栱即由「斗」與「拱」組成的一種建築工具。它有兩種功能：將屋頂的重量平均分散在柱上，或是用來挑出屋頂的屋簷，以減輕屋頂的沉重感，而且也能將雨水排的更遠。而網目則是由一個個的斗拱疊成網狀所組成，它可以分散樑柱以及屋簷在劇烈的震盪下所產生的壓力，以保持結構本身的平穩度及安定性。至於雀替則又稱為「插角」或「托木」，有穩定結構和裝飾的功能。

之氣，還能避免香火煙燻之害。

三峽祖師廟之所以有特色，是由於其中到處可見李梅樹教授之創意與用心。就以雕刻來說，不論是木雕、銅塑或是石雕，皆處處可見中西合璧的雕刻藝術。因此，祖師廟最特別之處，就在於其雕刻題材融合了中西文化。除了在居於全台數量之冠的龍柱上，可見到傳統雙龍、單龍、花鳥或對聯的雕刻外，甚至還可以在柱頭上發現帶有希臘風味的樹葉雕刻；而於富有歷史演義及神話傳奇故事題材的畫棟雕樑上，也可見到希臘神話中的飛人，以及鮮少運用到的動物圖像，如穿山甲、貓頭鷹、火雞、烏賊[11]等等。總而言之，三峽祖師廟的一景一物，莫不是李梅樹教授以熱愛這片土地的心意，傾注畢生心力致力完成的。也基於其深厚的藝術涵養以及獨到眼界，才得使三峽祖師廟著實成為台灣首屈一指的東方藝術殿堂。

鹿港小鎮

鹿港，是一個充滿古意建築與人文特色的地方。因為二、三百年前的鹿港，曾是一個繁華榮盛的城市。明末清初時，由泉州一帶來的先民於此開始他們的創業歷程，在歷經不斷的開墾建設後，終於使鹿港成為商賈雲集、人文薈萃的地方。就這樣，鹿港漸漸成為台灣中部地區經濟、文化、軍事的樞紐，不但是僅次於府城台南的第二大城市，還因而得有「一府二鹿三艋舺」之說法。

「二鹿」所指的就是鹿港。至於鹿港地名之來源則大約

---

11 台北縣之三峽 http://taiwan.wcn.com.tw/b5/taipei/tape/3sha.shtml。

有四種說法[12]：一說台灣中部一帶昔時多鹿，常有鹿群聚集海口草埔，故名「鹿仔港」，後來簡稱「鹿港」；二說認為鹿港是早年平埔番巴布薩族（Babuza）盤據之地，「鹿港」一詞即為平埔族 Rokau-an 一語的轉譯；三說認為是因為當地地形像鹿，因此稱之為「鹿仔港」；最後一說則是據說昔日這個地方是米穀集散地，因為用來儲存稻穀的方形倉庠稱為「鹿」而得名。可見鹿港之名各家看法不同，然而因後三者的說法有些許錯誤或令人質疑之處，因此第一種說法即被一般史學家所認同。

鹿港擁有許多引人入勝且令人回味無窮的文化資產。不論是傳統古典的建築工事、豐富樸實的人文風采或是典雅古味的八大美景，在這傳統的小鎮中是隨處可見的。而鹿港之所以有如此豐富的古蹟遺產，是因為在明清時期因其擁有港闊水深的天然條件、後有富庶的彰化平原為其腹地以及鄰近中國大陸的地理位置而得以吸引移民來開拓建設。因此，鹿港自清乾隆四十九年（1784 年）正式開港後，即成為台灣中部的重要港口，其中行郊雲集，商務發達，於乾隆、嘉慶、道光年間（1736～1850 年）可真是盛極一時。當時自大陸地區渡海來台的先民以泉州籍居多，因此具有泉州風味的港口和市街結構就讓鹿港贏得了「繁華猶似小泉州」的美名。如今，鹿港 80%的居民仍多為泉州籍，因此現在所謂特殊的鹿港腔調，其實就是保留古音的泉州話。

在那段輝煌的時期，鹿港的商業蓬勃發展。從乾隆四十

---

12 在地鹿港的愧居 http://www.taconet.com.tw/tomio。

九年到道光三十年間（1784～1850 年），共約有半個多世紀的時間可說是鹿港的全盛時期。當時，鹿港的陸路貿易涵蓋彰化、台中、南投等地，海路貿易則更廣。由這句諺語：「頂到通霄（苗栗），下到琅嶠（恆春）」，就可想見其盛況。有鑑於此，實不難想像鹿港何以發展出八郊與不見天街[13] 等現仍留存的古景，這實在是與其繁榮的商業有關。當然，與其他地區居民相比，鹿港居民的生活就顯得較為富足，甚至有餘裕研讀經書，文風因而相當鼎盛。在過去，鹿港有許多傳統詩社，且民間書房講學也很普遍，故乃有文開書院、合德堂及十宜樓等建築的設立，以供文人雅士讀書學習或是夜宴吟詠，煮茶論對之場所。

由於鹿港曾有過這麼一段繁華風光的歲月，因此雖然往日榮景不再，現存的昔日遺景卻也仍能供後人緬懷。先人所遺留的文風、傳統及建築到處充斥著這座古樸的小鎮，而其所展現出的智慧，則也因此使得這座小鎮隨處充滿著今人驚奇與讚嘆的藝術。依此，後人遂將鹿港小鎮上的特色規劃出八景，依序是：曲巷冬晴、隘門後車、宜樓掬月、甕牖斜陽、興化懷古、新宮讀碑、北頭晚霞與鐘樓擷俗[14]。這八景也許

---

[13] 八郊又稱行郊，類似現今的公會。共有泉郊金長順、廈郊金振順、南郊金進期、布郊金振萬、敢郊金長興、油郊金洪福、染郊金合順和糖金永興等八郊。而不見天街則是當時全台最大的商店街，因為街道上有遮棚，所以稱為「不見天」。

[14] 尤輝增（1980）。鹿港三百年。台北：戶外生活。
「曲巷冬晴」即聞名的九曲巷。曲折的巷弄可抵擋鹿港秋、冬之際的海風，亦俗稱「九降風」，因此獲「曲巷冬晴」支稱。

只是鹿港小鎮的一部分，但卻也呈現出昔日先民生活的面貌，進而令人產生懷古之幽情。也就是這樣古樸的一項特質，使得鹿港成為中部地區一個極具有地方特色的小鎮。因此，即使鹿港已從燦爛歸於平淡，但若能重視及保護先民所遺留的文化資產，即可使這個逐漸沒落的小鎮重現新生的契機。

4.原住民藝術

花蓮太巴塱木雕

太巴塱（Tablong），位於花蓮縣光復鄉，是在花蓮溪與

「隘門後車」則指目前僅存於後車巷內的隘門，其功能有三：防禦、境界以及緩和，藉以避免族群間衝突之用。

「宜樓掬月」指橫跨在長巷兩旁的「跑馬樓」，以使東西兩樓相通的十宜樓，是昔日騷人墨客聚集之地。

「甕牖斜陽」則為酒罈所堆砌而成的甕牆。早期因商帆雲集，從大陸來的船隻往往載著福州杉、閩南磚、唐山石、紹興酒等，壓其船艙，以免被海風吹襲而去。俟將酒飲畢，遂由建築匠師堆砌城牆。

「興化懷古」指的是鹿港第一座媽祖廟——興化宮，建於康熙23年（1684年），曲其「興化安寧」之意，又俗稱「興化媽祖宮」。

「新宮讀碑」是指全省唯一官幣敕建的媽祖廟——新祖宮。起源於清乾隆五十一年的林爽文事件，而內有四塊石碑是研究台灣史或鹿港史的重要史料。

「北頭晚霞」中的「北頭」，指的是鹿港的東石、郭厝、玉順、新宮四里。

「鐘樓擷俗」則為鹿港的民俗文物館，是棟鐘樓型的三層文藝復興式磚造樓房，創建於民國8年，早期曾是辜家老宅。其共分兩部分：洋樓（鐘樓）——文藝復興期的巴洛克式建築，以及古風樓——傳統閩南式建築。

馬太鞍溪的沖積平原，花蓮縣的中央位置，傳說中這裡是阿美族的發源地，阿美族祖先從拉卡山來到這裡建立部落，並且把它稱為「司巴塱」，翻譯成下山的意思，後來的人訛其首音，稱為太巴塱。太巴塱在阿美族族語中原本是「螃蟹」的意思，這是因為馬太鞍溪邊有許多的螃蟹，太巴塱部落世世代代以來一直以馬太鞍溪這條溪水賴以維生，也因此部落就以此來命名。

　　阿美族人生活在太巴塱有相當久遠的歷史，根據口頭傳述，太巴塱部落的祖先，原本是居住在南方的天神，代代相傳至第四代，六個兄弟姊妹中的妹妹被海神看中強迫娶親，家人不願意紛紛逃避，但終究被海神發現了，搶娶妹妹。由於思念女兒，母親變成海鳥，父親化成蛇木，守在海邊，大哥、二哥、三哥分別逃到深山、西方和南方，後來成為泰雅族、台灣西部原住民、布農族的祖先，而四哥和五姊後來結為夫妻，連續生下了大蛇、烏龜、蜥蜴，有一天經由天神的幫助，讓他們生下子女，傳後代。之後隨著人口增加，使得土地漸漸貧瘠，無法提供充分足夠的糧食，而遷到了太巴塱居住。

　　在太巴塱以木雕聞名，其木雕是由位於部落中的太巴塱國小開始著手推動，當時，李來旺校長與林阿隆老師認為文化的傳承有其重要性，就在太巴塱社區進行相關訪問，以方便了解太巴塱社區文化營造該從哪一部分開始，經由多次的協商討論，決定以木雕為主，因此創造了太巴塱木雕的文化。

　　太巴塱傳統的建築中，各式各樣的木雕，不管是柱子或

是牆壁都有粗獷、較少修飾的風格特色,其木雕陶藝精湛細緻的手工,令人嘆為觀止。以母系社會為主的阿美族,太陽代表女人,螃蟹則是太巴塱部落的象徵性代表圖騰,阿美族的傳統神話、祭典、舞蹈、服飾,與捕魚、狩獵等的情形,都是木雕裡常常看見的圖案,為太巴塱人們紀錄日常生活情形和表達感情的依據,不同的花紋與圖案都蘊涵著不同的意義,例如,獵物是用來顯示戰績,勇士、長老有尊敬的意思。

　　太巴塱國小,學生中 90%都是原住民阿美族,學校對木雕非常提倡且有志於維護傳統的文化,所以大力的推廣木雕教育,希望學生、教師、民眾等都能了解這一項悠久文化傳統,學校中處處可以看見含有傳統文化特色的木雕藝術品,有許多是學校學生,或是太巴塱孩童從長輩那了解祖先的生活和神話,再從中找出有關的題材進行木雕的創作,相當有趣。

　　近幾年來,太巴塱文史工作室嘗試將木雕的製作技術轉移到皮雕的創造,並且加入日常生活與神話傳說的題材,設計皮包、裝手機的袋子、記事本等相關用品。由此可知,在太巴塱,傳統的手工藝木雕、皮雕和陶藝等文化,正積極的推展中,雖然在原住民傳統文化技藝受到外來文化的影響和衝擊下,有逐漸式微的趨勢,因此仍從事文化的推展,表示出太巴塱部落要保存祖先所留下的文化精神與特色。[15]

---

15 太巴塱部落　http://big5.huaxia.com/tw/zbtw/TaiWanShiChuang/
　　ShiXian/HuaLianXian/YuanZhuMinWenHuaXunLi/GBK/55640.html。
　　馬太鞍驛棧 http://www.geocities.com/mataian_tw/dabalon.html。

茶山部落涼亭節

茶山村位於嘉義縣阿里山鄉的最南端,曾文溪與其支流所交會而成的河階台地上。北邊是山美村的達娜依谷和新美村,南邊是高雄縣的三民鄉,西接大埔及曾文水庫,東側則是大片的深山。茶山村在日據時代時,本屬於農場用地,直到光復後(1947年),才由台南縣政府撥入吳鳳鄉內(即今日之阿里山鄉)治理[16]。目前,村內的人數大約五百人左右,人口組成呈現多元化,主要是以鄒族為主,占約60%,其次是漢人,約為30%,再來則是布農族,占有10%的人口。

「茶山」原名為ca yama ca na,是已滅族的達故布亞努族語,意即「山腰上的平原」,日據時代則簡稱為珈雅瑪(cay-ama),為鄒族語,直至台灣光復後才改稱為「茶山」[17]。從其名稱之演變可見,茶山部落原本即為原住民所在之聚落,然而,卻非為上述三個族群所世居的部落。據說,其最早的原住民是一群自稱為「達故布亞努族」的人,因為為了保衛自身的生活方式並爭奪維繫生存的農場,遂造成族群間的爭鬥,進而惹怒神靈,使得該族慘遭滅絕。直到光復後,才因附近達邦部落與富野部落的人口稠密、耕地不足,而有第一批鄒族人遷至茶山居住。隨後,布農族與漢人也先後來到此地定居[18],於是形成今日族群共生的景象。

---

[16] 民俗風情茶山村 http://web.tlsps.tp.edu.tw/taiwan/chiayi/village/villagec.htm。

[17] 茶山涼亭節 http://www.ttvs.cy.edu.tw/kcc/teasan/tea2.htm。

[18] 部落 e 樂園 http://yam.chinatimes.com/cayamavana/DesktopDefault.aspx? tabID=120。

　　鄒族、布農族與漢人這三個擁有不同文化的族群，在茶山村中塑造出一個和平共存、互助互信的部落。不論是在生活艱困的開墾期，保密防諜的戒嚴時代，或是今日生活較為寬裕的民主時代，茶山部落的人民不分族群，皆秉持著互助合作的信念，來為保有部落的和平寧靜齊心努力著。這樣的居民特質，使茶山部落形成一個很有特色的景觀——茅草涼亭的林立。

　　茅草涼亭（Hu Fu）是鄒族「分享」精神的表徵。過去，鄒族在山上狩獵後，會依據捕獲獵物的種類大小，以不同的呼叫聲來通知部落中的族人，讓族人幫忙抬回獵物後共同分享之。然而，鄒族有將先人遺體葬在屋內的習俗，為了不干擾祖靈安息，屋內規定不得喧嘩，因此各項慶典及狩獵分享，便都移往屋外的涼亭舉行。涼亭成為鄒族主要的活動地點，他們在這裡分享生活上的一切事物。然而，在身心上獲得滿足的鄒族人並無「謝謝」一詞來表達其感謝之意，有趣的是，他們以「我心喜悅」（a veo vew yu）來表達他們心中的感激[19]。這樣的分享文化在茶山部落中盛行著，為了珍惜這樣的傳統，今日在茶山部落中幾乎每家即有一座涼亭。這不但凝聚了部落居民情感，也為部落增添不少原住民藝術的氣息。

　　茶山部落的涼亭，無論是鄒族的圓頂型，或布農族的長方型，都別具特色。藉著這般特有的涼亭文化，茶山部落特別訂定每年十一月來展開涼亭節的活動，並以美化涼亭的比

---

19 同註 17。

賽，將「分享」和「傳承」的文化延續下去[20]。涼亭的美化，通常是以亭前的木雕藝術與亭內的裝飾擺設為之。亭前的每個木雕，無論是鄒族或布農族的，皆具有其故事與意涵；而亭內的裝飾擺設，則以作物與農具等相當生活化的必需品為其主要裝飾。在涼亭節的開幕前，部落裡會先挑選獵人，以最原始的方式至山中打獵，直到涼亭節當天再將狩獵所獲得之獵物與眾人分享。而涼亭節的開幕活動，則是部落的巡禮，藉由部落歷史傳說與傳統歌謠的敘述，讓族人及外地人能更深入的了解茶山部落。接續是各家涼亭藝術的欣賞與分享，最後並由傳統盛大的原住民晚會來作為句點[21]。

茶山部落獨特的「涼亭分享文化」現已成為當地傳統的鄉土特色。由於其具有原住民分享的生活哲學在內，因此，涼亭文化遂成為近年來茶山部落社區總體營造工作的主軸。在茶山部落村長李玉燕的帶領下，茶山以「部落公園化」[22]作為社區總體營造的目標，將涼亭之外部落裡優美的自然景觀以及原住民的傳統文化藝術也納入了社區規劃展現的產業之一。因此，茶山部落社區總體營造的文化產業內涵，即由涼亭與涼亭節外擴至充滿原住民圖騰木雕的部落景觀；富有原住民傳統文化與藝術內涵之手工藝、農特產品、歌舞表演與傳說故事；擁有特色地貌與豐富生物型態的生態公園；以及

---

20 同註 17。

21 同註 18。

22 洪泉湖（2003）。台灣原住民文化產業與休閒觀光之互動——以查山部落為例。載於 2003 年海峽兩岸「少數民族文化傳承與休閒旅遊」學術研討會論文集。台北：師大書苑。

部落本身純樸真實的生活方式。

　　為了維持部落生活原有的自然純樸，茶山部落並不刻意以舞台式的歌舞或神壇式的祭典來呈現其傳統文化的內涵。相反的，村中的居民仍是以平日作息之進行來對外接待訪客。因此，為避免部落生活遭受破壞及打擾，茶山部落便對訪客數量採取一定限制，並且，這些進入茶山部落的訪客也必須跟當地居民一樣，遵守「茶山公約」。例如晚上九點以後居民、訪客不可大聲喧嘩、唱歌等。畢竟，原住民才是當地的主人，他們有權選擇可以欣賞且配合其生活模式與文化傳統之過客，而非全盤接受之。

5.創新藝術

墾丁風鈴季

　　墾丁，位於台灣南端的恆春半島，秋季與冬季所吹的東北季風由北向南下，吹到中央山脈時，被中央山脈所阻擋，無法越過山脈因而沿著中央山脈往南吹，到了恆春半島，由於山脈在這裡突然下降至一千公尺以下，於是東北季風的冷空氣橫越了恆春半島的山脈河谷，形成了強勁的下坡風，而位於背風面的台灣西南部氣溫較為暖和且空氣密度較小，所以迎風面空氣密度較大、氣溫較冷的氣流從山嶺傾下，形成當地人所稱的「落山風」。落山風季節為恆春半島最蕭條的季節，風勢強勁，有相當於輕度颱風的威力，且為間歇性質，有時強有時弱，沒有規律。落山風長期的吹拂，對當地的自然環境與人文現象均產生了影響。

　　在恆春有句俗語是這樣說的：「最怕秋冬兩季中，颱風去後落山風；居民習慣渾閒事，反說無風瘴氣濛」，這是描寫恆春的落山風景象。有鑑於此，屏東縣縣長蘇嘉全認為落山風是恆春半島的特殊現象，也為當地居民造成生活上的不方便，因此便開始思考是否該將此景象及它帶給當地居民不方便之處加以運用，故在一次恆春半島藝術季的開幕典禮上，典禮其中的一項節目便是要參與的來賓在路燈桿上掛上風鈴，在這樣的活動中，因而產生了新的構思，墾丁風鈴季就在民國九十一年誕生。

　　墾丁風鈴季為台灣地區十二項大型地方節慶活動之一月份活動，其在創辦之初，面臨到許多困難處，例如，辦理的場地太過狹小，場地在搭建時，被落山風強大的風力把已經搭建完成的屋頂吹壞了，以及時常吹起落山風，影響搭建等問題，而這些難題均都一一獲得解決，也因為有這樣的經驗才能使墾丁風鈴季活動每年不斷地更新進步，風鈴季從九十一年開始以來，至今已經邁入第三年，每年的活動大多以主題館區分的形式進行，以今年九十三年來說，是以「愛、溝通與互動」為主題設館。

　　活動的場地區分成幾個不同的小主題，例如，展示出各種造型風車，有螺旋槳式、多葉式、中國式等風車，從中可以認識風的流動與變化、以手搖動或踩動腳踏車了解風的速度與力量、利用風鈴來祈福、觀看風鈴得獎作品等，在主題館方面，以「愛、溝通與互動」為主題設館，利用風鈴的意涵來做闡述，不管是對親情、友情或是愛情的描述都別有一

番特色，最特別的地方是來參觀的民眾還可以自己親自動手做風鈴，非常有意思。

　　屏東縣文化局長涂燕諒曾經說過風鈴為東方文明中非常重要的傳統工藝，它帶有祈福、安魂、冥想、導引、裝飾、遊戲等意涵，墾丁風鈴季運用風鈴來表達墾丁地區獨特的落山風，落山風陣陣吹來，把掛在街道上的大型風鈴以及場地中所掛的風鈴吹響，傳來叮叮噹噹清脆的聲音，大型企業風鈴較一般風鈴為大，而也只有落山風強大的威力，才能吹得動由企業所提供的大型企業風鈴。

　　人類社會不斷地發展，許多傳統也是由起初的創新慢慢演變的，墾丁風鈴季整合了恆春半島地區的民俗文化藝術傳統，以各種不同的活動方式來展現風鈴的各種樣貌，極具創意和時代感，有展覽、創作、表演等活動，包含傳統、現代、創新的氣息，許多參與風鈴製作的民眾，所製成的風鈴都有展出，並融合了不同時代風格的作品，把墾丁地區與風鈴結合，就是把恆春地區負面的因素變成正面的特徵，不但活化地方特色，也顯現出當地的文藝之興與觀光休憩的特殊人文風情。[23]

南莊部落與庭園咖啡

　　南莊鄉，位於苗栗縣東北隅、中港溪上游，為一座典型的山鄉，面積居於苗栗縣第二位，其境內大部分為丘陵和山地。南莊鄉的人口組成有四分之三為客家人，也是全台灣最多賽夏族人聚居的鄉鎮，客家人、賽夏族、泰雅族共同居住

---

23 網路資料，屏東縣政府文化局 http://www.ptccl.ptc.edu.tw。

於此，可說是族群融合的最佳代表，呈現出多元的文化。

　　用好山好水來形容南莊鄉，是相當貼切的。當地盛產木材和桂竹，其中桂竹、鱒魚、香菇是南莊鄉的三大特產。而每個季節的南莊都有它的特色，春天百花齊放，有櫻花、油桐花；夏天溪水清澈，魚兒眾多；秋天為活動最多的季節，鱒魚節、矮靈祭、山水節等都在這個時候展開；冬天則是草木凋零，給人淒美的感覺，四個季節的南莊帶來了不同的氣息。

　　南莊鄉人口一部分的賽夏族，每兩年舉行一次小祭，而每十年舉辦一次大祭的矮靈祭，則為賽夏族重要的祭典，賽夏族人把此祭典稱為「巴斯達隘」，時間在農曆的十月。每到這個時候，外地的族人都會趕回來，以虔誠的心慶祝祭典。矮靈祭的由來為相傳在很久以前，賽夏族和矮人族隔著大東河而居，矮人身高僅三尺但臂力驚人，而且擅長巫術和農耕技術。賽夏族每年稻粟成熟舉行祭典時，會邀請矮人前來，可是矮人經常藉此侵犯賽夏族婦女，賽夏族人因此對矮人相當頭痛，便開始計畫消滅矮人。

　　在一次慶典中，賽夏族人暗中將兩族交界懸崖上矮人休息的大樹底部切去大半，塗上泥巴偽裝，矮人在歌舞完後，爬上大樹休息，隱藏起來的賽夏族人便推倒大樹，矮人因此墜入深淵而死，只剩下幾個矮人，往東方離去，也把祭歌和舞步傳授給賽夏族人。而賽夏族人雖然除去了矮人，但仍感到不安，於是開始祭祀矮人，成為著名的矮靈祭。[24]

---

24 參考行政院原住民委員會網站 http://www.apc.gov.tw/。

　　矮靈祭的主要儀式包括了迎靈、娛靈、送靈等三個階段，通常儀式從傍晚開始，一直進行到隔夜清晨，三階段中的迎靈和送靈儀式相當的神祕，所以部分階段不許外族參加也不許錄音錄影，而娛靈可以說是整個祭典的最高潮，賽夏族人會歌舞通宵到天明，也會讓外人參與，這也與開放觀光的興起有關。

　　南莊除了特產多、風景優美外，近年來，南莊的庭園咖啡逐漸興起，經由電視新聞媒體加以報導以及網路的流傳，到南莊喝咖啡成為一種風潮。許多咖啡館紛紛林立，有的以室內花藝庭園景觀為主，例如，山芙蓉咖啡館等；有的以高山壯麗奇景為主，例如，山行玫瑰咖啡館等，不僅如此，各有其獨特的風格特色，在群山等自然景色的簇擁下，遊客們可以在此悠閒地喝咖啡並且享受大自然的美景，南莊鄉儼然成為咖啡之鄉，而咖啡與部落的相遇，值得你我細心品味。

　　上述依民俗活動、傳統技藝、傳統建築、原住民藝術與創新藝術等五種類別所舉之鄉土文化，當然不是台灣鄉土文化之全貌，只是依各類別及地區加以舉例而已。因此，讀者若有興趣，可利用圖書及網路資源詳加查尋，一定可以找到更多有趣的鄉土文化。

四、鄉土意識與全球化

　　台灣雖受中國的移植文化影響至深，但是基於不同的族群背景、文化傳統、歷史記憶以及時空環境，我們還是創造

出了屬於台灣獨有的鄉土文化。因此，不論這些地方文化特色是閩南的、客家的、外省的、原住民的甚或帶有一點點昔日的殖民色彩，我們都可以說它顯示出台灣的文化是具有多元及包容性的。而這樣的文化特色，就是台灣文化的本質。

只是，在過去高壓政權的統治之下，這些多元的面向是受到忽略的。直到一九八〇年代，台灣受到多元文化主義思潮的影響，社會才逐漸走向真正的開放與自由，並引發鄉土意識的抬頭。鄉土意識的覺醒提醒了社會大眾不應只是盲從於現代潮流，對於自身所處的土地更應給予認同並加以關懷。因此，之前受到忽略的閩、客、原文化遂趁勢崛起，帶動了新一波的本土化運動。

本土化運動帶動人們重新檢視這塊土地，再一次地去發掘它的美以及它的本質。然而，本土化並非僅止於「尋找與發現」，最重要的是，它必須要能夠「建構」出自己的風格與價值。所謂建構，即意味著從回溯歷史的時間架構中尋找精華，從現有的傳統文化中，篩選出在這片土地上自成一格的特質[25]。因此，雖然台灣文化帶有許多不同的元素，但是只要是成為台灣原生的特色，皆可歸為台灣文化的特質。

簡單來說，其實台灣地方各具特色的鄉土文化，就是匯流成台灣文化的重要成分，依其獨立的性質不但可以展現出其獨自的特殊性外，亦能展現出台灣文化整體的特質。所以文化可以說是地方的總體呈現，它代表了地方的自我認同與

---

[25] 謝東山（1996）。台灣藝術的本土化與主體性。藝術家，43(1)，頁247～266。

信心，也是地方向外放射和接收訊息資源的能力。至於本土化的力量則即能凝聚自我認同與鄉土意識，並放眼世界以成為世界中的一份子。

然而，在追求本土化的同時，另一方面卻可能受到全球化的衝擊而激盪著。全球化的潮流席捲全世界，不單是政治上、經濟上，甚或是文化上都做著跨越國際的流動。各國人士在街頭穿梭的景象已不再難見；超越國際的科技交流已成為世界進步的動力；世界貨幣市場與證券交易在國際間的相互影響；各國媒體資訊的迅速流通；以及各種概念與意識型態的無界傳播，即皆為全球化影響下所呈現的表徵。由此可見，全球化所彰顯的各式流動的現象，打破了傳統地域邊界的觀念，也開啟人類生活的新紀元[26]。

雖然這般表象看來是為人類帶來了益處，但是果真如此嗎？反全球化論者認為，全球化所代表的是西方價值觀，在此股浪潮的強力傾軋之下，可能造成某些文化的消滅；另外全球化實際上也是西方霸權國家的另類殖民主義與帝國主義。因為非西方國家在全球利益資源共享的口號下，充其量只能淪為被剝削的角色，而可能無力立足於全球化的潮流下。因此，其發展到最後可能造成「全球化的富裕、地區化的貧窮」，以及「無工作的資本主義」之時代的來臨[27]。但是，果真如此嗎？全球化的現象果真將成為弱勢文化的浩劫嗎？

---

[26] 莊坤良（2001）。迎／拒全球化。中外文學，30(4)，頁8～25。

[27] 陳伯璋、薛曉華（2001）。全球在地化的理念與教育發展的趨勢分析。理論與政策，15(4)，頁49～70。

全球化與本土化是否如此的對立？

其實不然，就以學者羅伯森（Roland Robertson）的看法，全球化是一個相對自主的過程，其核心作用力包括「普遍性的特殊化」和「特殊性的普遍化」此一雙重過程。在這兩種概念的接軌下，地域性的思想或行為模式就不會單純只是屬於某個地方的產物，而有發展成為全球趨勢的空間和可能性[28]。羅伯森於一九九二年時即提出一個概念——「全球在地化」（glocalization）。這樣的主張認為純粹的全球化與純粹的本土化並不存在，因為文化雖根基於土地，但卻也在流動中形成。透過地方與全球的對話交流，全球文化將獲得源源不斷的創造力，地方也能重新展現對自身文化的新認同。

所以，全球化不但沒有消滅地方文化，反而因擴大地方差異文化的參與，而創造了全球文化的新風貌。基於此，若將全球在地化應用在文化的流動上，則是指國際的文化藝術在地方融入當地社會中。那麼反過來說呢？則又產生了一個相對的概念——「在地全球化」[29]。在地全球化乃是將各地方的藝術精緻化後，將其推向國際的一種文化流動的方式。因此，文化在這兩種流動之下，如何體現出多元的、去中心化的和具備地方感的文化，以能搭上全球化的潮流並推向國際的舞台，即是目前需要構思耕耘的方向。

---

[28] 陳仲偉（2003）。全球在地化：理解全球化的一條路徑。思與言，41 (1)，頁 1～18。

[29] 洪泉湖（2003）。全球化與台灣原住民族文化的傳承與發展。公民訓育學報，14，頁 37～53。

　　有鑑於此，鄉土文化也可以是全球化的一環。當在地文化透過國際的管道向外推出以介紹各地文化之美時，就是在地全球化的表現。於是，本土化的過程並非帶有狹隘及自我窄化的意識，而與全球化做抗衡，相反的，本土化可建構出文化的主體性及認同價值，並且在與全球文化的交流下成為其多元化的一份子，或從其中得到文化創新的泉源。

　　如同享譽國際的琉璃工房，即是以融合了西洋技術與中國文化特色的方式，藉由全球化的管道而將台灣的琉璃藝術帶進了國際的藝術殿堂上。除此之外，透過本土化的深化及轉化，亦可將草根的鄉土文化包裝成精緻的在地文化而向外拓展國際的視野。如明華園、河洛等劇團，即因此成為令國際驚豔的表演藝術團體。反之，極具地方特色的鄉土文化若以發展地方活力來源、地方發展動力以及展現地方性格[30]的策略來思考，則即是全球在地化的一種表現。如宜蘭的「國際童玩節」、新竹市「國際玻璃藝術節」以及花蓮的「國際石雕展」等，都是將在地的鄉土文化與全球文化接軌。

　　因此，本土化是台灣邁向全球化的奠基工作。在這多元的全球文化環境下，鄉土文化可以說找到了其展現獨特風采的一席之地，而不用再陷於孤芳自賞的保守意識型態中了。

---

30 陳其南（2000）。為何亞為儂不是美濃？談文化藝術活動的全球化與在地化。典藏今藝術，99，頁 158〜160。

參考書目

王清雄（2002）。鹿港勝蹟志。台中縣太平市：王清雄。

林上玉（2001）。台中縣文化資產巡禮。台中縣：中縣文化局。

林維賢（2000）。賽夏族的產業變遷與適應：以南莊鄉蓬萊村賽夏族為例。國立政治大學民族學系碩士論文。

林靜怡（2002）。南莊賽夏族。台北：國立政治大學民族學系。

姜義鎮（2002）。台灣民俗與特產。台北：武陵。

洪泉湖主編（2004）。2003 年海峽兩岸「少數民族文化傳承與休閒旅遊」學術研討會論文集。台北：師大書苑。

唐健風主編（1999）。歡喜新台灣。台北：中華文化復興運動總會。

涂燕諒總編輯（2004）。墾丁風鈴季成果專輯・2004。屏東：屏東縣政府文化局。

陳一仁（2004）。鹿港文史采風。彰化縣鹿港鎮：鹿江文化藝術基金會。

陳盈卉主編（1999）。三峽・鶯歌。台北：小知堂。

陳美如（2000）。多元文化課程的理念與實施。台北：師大書苑。

黃金財（2000）。台灣鄉土之旅：百年台灣風土民情小百科。台北：時報文化。

齊佑誠等（2002）。阿里山・奮起湖・達娜伊谷・茶山部落・來吉部落。台北：墨刻。

歐用生（1995）。鄉土教育的理念與設計。台北：漢文書店。

鍾明盛主編（2000）。平溪之美：天燈民俗文化產業史。台北
　　縣：平溪鄉公所。

第六章

母語與多元文化

〈春怨〉

三月殘花落更開，小簷日日燕飛來；

子規夜半猶啼血，不信東風喚不回。

——宋朝‧王令

　　說母語真的那麼難嗎？內心裡，不信這麼優美的文化資產——母語會在我們這一代消失了，我「不信母語喚不回」。很多人感嘆，我們的下一代母語能力變差了、文化出現斷層了。光感嘆絕對不可能解決任何問題，現在該思考的是如何製造一些機會使用母語。其實機會比比皆是，就看你是否存心？族群認同度高不高？如果有心，終究可以讓母語回春，我們可以從散居世界各地的猶太人，一直都還能保有鮮明的文化及語言的事實，找到努力的方向。不需提供補助或獎勵，只要有心，憑藉一股濃烈的民族意識，進而建立一個母語家庭，母語就不會在我們這一代消失，問題就出在大家為母語的復振付出了多少的心力？

一、母語的意義

　　何謂母語（mother tongue）？在台灣一般都以「母親講的話」來詮釋母語的意義。此種意義除了說明母語的淵源外，不會講母親的話，還相當程度的傳達母語在傳承上有斷層危機，並且進一步控訴當時的執政者刻意切斷個體與母語間的關係。此種定義深具對抗當時政府獨尊國語政策的反動，及

其他族群母語的被支配性，所以，在訴求上具有一定的說服力[1]。不過，目前在台灣「母語」這個詞的用法似乎並不完全符合這個定義。

另外，依據聯合國教育科學文化組織的定義：所謂的「母語」是指一個人在年幼時學會，後來成為他思想溝通時最自然的工具。如果我們以聯合國教科文組織的定義來檢驗的話，對台灣的許多新生代而言，他們的母語絕對是共通的國語[2]。為什麼？因為在台灣五十歲以下的父母會從小以母語和下一代交談的人已經少之又少了，國語反而是最主要的溝通工具。如果此種情況沒有改善，那麼，任憑政策上再多麼的努力推動母語學習，恐怕效果也是有限。

在台灣我們所強調的母語，反而比較像學理上所說的「族語」。所謂「族語」是指一個族群因長期以來群居和集體工作而逐漸形成的，其形成乃基於生活上溝通之便，而建立共識慢慢發展而成。所以說「族語」是各個族群自然生成，以作為族人彼此間溝通的基礎。除了具族群交流的中介功能外，也是一個民族特有的邏輯思考模式，甚至成為民族認同的象徵。本文所稱的「母語」，其所指涉的內容與「族語」是一致的。

「母語」是一富有意義的系統，學童除了能在學得母語

1 施政鋒（2002）。母語傳承與母語地位。http://mail.tku.edu.tw/cfshih/seminar/20021213/20021213.htm

2 黃東秋（1998）。英介式族語語音教學法之行動研究——一所高的社團組織為例。國立花蓮師範學院多元文化教育研究所碩士論文。

之後，將所認知的世界全然表達出來外，也是自我認同的主要依據之一，因為每個人都是某個特定社群的一個成員，紮根於和別人所共享的文化傳統中，且承載著特定的文化和傳統，無法脫離其所歸屬的社會，同時生活上的各種活動，也只有在特定的文化中才得到意義。所以一種語言可以說就是一張網，網進認同這個社會的成員，同時也濾出不認同這個社會的個體[3]。

二、母語的功能

1.溝通的功能

語言具有溝通的功能，本來就是其最主要的特質之一，不待贅言。它是族群裡人與人生活上交流的橋樑，沒有語言此一溝通媒介，文化便不復存在，母語的重要性可見一斑。語言是構成族群文化的最重要因素之一，它能將族群中人之思想、情感作完美的傳達，藉由母語我們了解溝通者的喜、怒、哀、樂，拉近彼此的距離，是人類邁向文明的驚人成就之一。甚至於在某種意義上，語言就是文化，因為文化可以用語言來傳承，包括生活上的所有行為。

3　姚誠（1997）。尋找少年噶瑪蘭——以花蓮縣豐濱鄉新社國小噶瑪蘭母語教學為例。第三屆台灣本土文化國際學術研討會——台灣原住民文化與教育。

2. 認同的功能

語言不只是溝通的工具而已，同時也蘊藏了文化的特質和內涵。對個人來說，透過母語的學習不僅可認識自己的族群語言及文化，也有助於自我概念的形成，更可深刻地了解自己，產生自信自重，進而尊重他人。對族群而言，語言是族群認同與辨識的重要基礎，它代替我們回答了我是誰的宣稱。

在認同的功能上，強調的是忠於一個群體，透過母語，後代子孫得以和族群的祖先取得連結，它雖然不見得一定是代代相傳的社會化或文化模式，但卻表達了某種程度的疆界感。因此，語言常被凸顯為認同或區隔的符號，成為族群意識的核心部分。是故，母語是最為方便的族群區別標幟，以台灣為例，各族群間大致上都有各自特別的母語，當族群的人聚在一起時，講家鄉話的親切感，哪怕只是一句「吃飽了沒？」，都可以讓人感受到人親、土親的濃濃鄉情，這也就是作為區別「我們」和「他們」的標準。

3. 傳承文化的功能

不同的民族與文化環境會發展出不同的語言系統，不同的語言系統又建構不同的文化。從台灣各族群的語彙中，可以發現母語能反映該民族所看見的細緻的事物，以及複雜的世界。發展民族語言不僅能凸顯民族文化的差異，提供族群間切磋琢磨的依據，重要的是，能夠承接祖先的經驗智慧，

為來日文化的創新提供堅實的基礎。因此，語言的消失，不只是該語言使用者的損失，同時也是人類文化資產及生態知識的消失。因為語言就是文化的一部分，其形成和所處環境、社會關係有深厚的淵源，負載著該文化對環境的認知體系與社會關係的模式，是經語言使用者多年經驗、智慧的累積才得以發展並傳承下來的。

一般人常說：語言只不過是一種溝通的工具而已。這種將語言視同媒介的說法雖然不能算錯，但只是說明了部分的事實而已，因為語言除了是能力的象徵之外，重要的是它負有傳承文化的使命，所以可視為一個族群所擁有的特色或是資產，甚至於，語言往往是被用來當作辨識集體認同的一種重要指標。

認識了母語的重要性之後，接下來我們將介紹我國政府從民國三十八年以來所推動的一些語言政策，我們可以從中去檢驗政府的心態，其中有許多措施值得我們警惕，對於這些打壓母語的政策，我們不想在此多所批評，只希望同樣的事不要重複的發生，讓人民可以真正生活在多元的社會當中，每一個族群都受到同等的尊重。

三、國語文政策下的母語

國民政府到台灣之後，為了鞏固當時的政權，領導階層透過法令強加規範，以建立官方語言的權威，並且輔以教育、大眾傳播媒體宰制等手段，戕害本土語言的發展，終至面臨

母語死亡的危機。所以，二次大戰後的台灣，除了國語外的其他族群語言，均在政府有意的打壓下，近乎沒有發聲的空間，此種現象一直到民國七十六年宣布解嚴後，諸多不公平待遇才逐漸獲得改善。

回首台灣甫脫離日本統治之際，國民黨政府為了有效治理台灣，透過語言政策的制定，展開為期五十餘年的國語運動。依據學者的研究[4]，將國語政策的實施分成三個時期，分別為：第一期去除日本化恢復中國化時期；第二期貫徹國語推行、凝聚國家意識時期；第三期邁向多語言、多文化時期。前兩期屬於國語政策時期，主要論述在國語文政策之下母語的處境，第三期則強調母語的復振與推動，分述如下：

1. 去除日本化恢復中國化——改制穩定時期（1945～1969）

二次戰後，為了去除日本化，恢復中國化，國民黨來台後即展開推行國語的工作。具體做法包括，從一九四六年十月二十六日起，取消各大報紙、雜誌的日文版；中、日文並列的政令亦取消日文，並禁用日語唱片；禁止台籍作家用日文寫作等等。這個時期的語言政策主要是以母語為基礎，透過母語與國語的比較來學習國語，並強調過渡性的恢復台灣語應有的母語地位。之後在一九五六年開始全面推行「說國

4　黃光雄、陳美如（1998）。二次戰後台灣語言教育政策之回顧與展望：以母語教育為例。載於郭康健、陳城禮主編，母語教育的理論與實踐。香港：香港教師會。

語運動」，規定各機關學校及公共場所一律使用國語，避免使用母語。一九六六年頒布「各縣市政府各級學校加強推行國語計畫」明訂：在學校內必須使用國語交談，違者將受到處罰；電影院禁播母語、外語片，不能以母語翻譯影片；各級運動會禁用母語報告、街頭宣傳禁用母語等等。

整體而言，國語運動推行初期主要在禁止日語，推行國語，以進行中國化。一九六六年以後，日語的影響力已經變小了，推行國語的阻力變成是母語，於是開始轉為壓抑母語，獨尊國語的政策。

2.貫徹國語推行，凝聚國家意識──計畫貫徹時期（1970～1986）

一九七○年代以後，我國連續在外交上遭受史無前例的挫折，外交上的挫敗給了執政者一個非常合理的藉口以從事語言的統一。於是政府乃基於增強國內團結的需要，配合著中華文化復興運動，進一步貫徹國語運動的推行，以凝聚國家意識，塑造一心一德、同仇敵愾的氣勢。統一、團結等口號也就成為當時最常見的勵志標語。此一時期的政策主要從下面二個方面著手，以貫徹國語的推行：

社會媒體方面

一九七五年行政院新聞局公布「廣播電視法」，其中第十二條規定：「電台對廣播播音語言應以國語為主，比率由新聞局定之。」施行細則第十九條：「電台對國內廣播用國語播音比率，電台不得少於 70%，使用母語播音應逐年減

少，比率由新聞局檢討定之。」大肆打壓母語生存空間的結果，導致母語節目在電視台和廣播電台的播出時間都大為減少，一般人接觸母語的機會再一次的被剝奪了。

學校教育方面

除了媒體的控制外，學校也是語言政策推行的著力點之一，不管師生交談的語言、教室用語、教科書語言、各種精神標語、正式課程或非正式課程，無不以傳達國家的集體意識為職志。當時的台灣省政府公報就曾有這樣的規定：各級學校教職員在校內必須使用國語，訂定「台灣省各級學校加強辦理社會教育方案」，加強民族精神教育，倡導人人說國語運動；強調「國歌」、「國語」皆代表國家精神，學校教師對唱國歌、說國語應躬行實踐，為民表率。各級機關應建議學校加強國文及本國史地課程教學，以激發民族精神。

建立國家統一的語言，並由語言建立共同的意識，可說是本期國語政策的中心工作。除了各機關以及公共場所必須以國語交談外，甚至學校在聘請教師時，也要注意其國語程度，國語能力差的台灣人在當時是無緣從事教職的。也難怪四〇、五〇年代的許多學生都有一個共同的記憶，就是當時許多操外省口音的教師，和學生之間常是雞同鴨講，不知所云。

總之，解嚴之前的語言政策，主要是基於凝聚國家意識的前提下，展開一系列的國語運動，除了去除日本化之外，對母語的貶抑也著力甚深，加上一九七〇年代連續的外交挫折，終使得國語運動的推行達至巔峰，逐漸走向國語獨尊的

單語言政策。影響所及，除了提升說國語人口達 90%外，更因為嚴懲說母語的行為，造成對於母語的鄙視與懷疑。懂母語、講母語的台灣人在那個年代成為原罪之身，不只成年人在公領域上謀職不易，小學生也常因為在學校不小心而講母語，結果竟得在大庭廣眾之下遭到處罰或羞辱，對這些小孩子而言真是情何以堪、心何以甘。

在一個多元的社會中，雖然仍可能基於和諧、穩定的立場，而有一種官定的語言作為公領域的溝通工具，但是此種共識的先決條件應是沒有一種語言是理所當然的被視為共同語言、優勢語言，制定的過程應經公開討論的過程。雖然當年，在大陸官方語的決定是有經過「表決」的，但問題是這些參與表決者能代表全國人嗎？還有，在大陸所做的表決，能適用於台灣嗎？這些都是值得再三思考的。不過，說實在的，如果在「威權體制」下做「表決」，結果一定是以「國語」當官方語。基於國家內部的和諧、安定，國語的制定似有其必要性，但在推行國語時，有必要同時壓抑其他族群的母語嗎？這實在是應予檢討與批判的。

因為，在以國語為官方語言的前提下，不僅貶抑了其他的語言和文化，更嚴重的是造成了少數族群的認同危機。成就了國語的通用性，卻也讓許多優美、典雅的母語流失了，現在回想起來，日本政府統治台灣幾年，在皇民化運動前，也沒有禁絕母語，一個殖民政府尚且如此，何以國民政府會對台灣人民這麼苛？

四、母語恢復運動

興起於美國的多元文化主義風潮傳到台灣之後,也給當時的台灣社會帶來不少的震撼,從族群、性別、階級等議題相繼發聲之後,在教育上也得到諸多的回應,因此,進一步要求加強鄉土、母語的學習,引動了一股本土意識的興起。這一波的鄉土意識尤其重視語言的復振,其中部分原因在於對政府過去數十年來採取大中國政策的反動,另外則在於對自我文化的肯認。因此,在台灣政治局勢有所改變之後,過去被視為反對勢力的政治力抬頭,開始轉而強調對於本土的重視,故而有鄉土教材、認識台灣等課程出現。此一潮流出現的時點應在一九八七年政府宣布解除戒嚴前後,面對政治社會環境丕變,及多元文化聲浪之肆起,各族群遂起而爭取其語言的保存與發聲。自此,過去國語獨尊的語言政策開始產生變革,正式的進入黃光雄等所指的:邁向「多語言多文化的多元開放時期」,在台灣開啟了母語多元文化的時代新頁。此一時期有關母語復振的內容可從下列兩方面來加以論述:

1.社會媒體方面

影響整個台灣社會傳播甚為深遠的廣播電視法,於一九九三年經立法院通過刪除以往對於母語傳播的限制,同時另訂新條文,規定:「電台對廣播播音語言應以本國語言為

主，並特別保障少數民族語言或其他族群語言播出之機會，不得限制特定語言播出之機會。」也就是說，新條文強調只要是本國語言都具同樣的機會，不得限制特定語言的播出，而且還必須特別保障少數民族語言或其他族群語言播出的機會。從此，台語電台恢復台語節目、電視台的台語新聞、客語新聞、原住民節目紛紛推出，同時客家電視台也在不久之後正式開播，不管電視或電台廣播節目的母語播出時間都大為增加，母語的接觸面加深、加寬了之後，對語言價值的反省機會也跟著增加了，至少擁有母語能力不是原罪的代名詞，也不會因而遭受不平的待遇。

2.學校教育方面

過去學校可說是推行國語運動最激底的地方，但受到多元文化潮流及母語運動風起雲湧的影響，也開始改弦易轍，不再禁止校園內使用方言、母語。一九九三年教育部宣布：「將母語教育列入中小學正式教學活動範疇，在不妨礙推動國語的前提下，讓中小學學生依興趣及需要，以選修方式學習閩南語及客家語。」一九九三年修訂的國民小學課程標準，也說明基於落實立足台灣之理念，繼而胸懷大陸、放眼天下之原則，增置「鄉土教學活動」一科，於國小三至六年級授課，提供學生學習母語的機會和增進對鄉土文化的了解。

鄉土課程的教學節數每週一節，教學內容則由各校配合各科教學需要及地區特性，彈性規劃母語學習及鄉土文化有關之活動，指導學生學習。從教學總目標來看，其中之一為

「增進對鄉土歷史、地理、自然、語言和藝術等的認識，並培養保存、傳遞及創新的觀念」，將歷史、地理、自然、語言和藝術認定是構成鄉土活動的要素。雖然鄉土語言只占課程的五分之一分量而已，但是，相較於以往閉鎖的語言政策，母語能進入學校課程已是意義重大了。

當時民進黨執政的縣市紛紛將母語教育列入施政重點，此舉也促使國民黨政府從原先只尊重各地方言的政策，進一步宣布將母語教育納入一九九六年實施的國民小學課程標準中，以設置「鄉土教學活動」一科，作為回應社會各方壓力的具體行動。二〇〇〇年教育部公布的「國民中小學九年一貫課程暫行綱要」更將母語列入語文領域中，於九十學年度開始施行。上述教育政策的修訂，足以看出台灣自二次大戰以來語言政策的重大調整，母語教育正式進入學校課程，亦顯見台灣的語言政策漸趨開放多元，對照過去的情形，這些舉措頗具時代意義。

母語教育在學校的另一項重大變革乃為國民中小學九年一貫課程的制定與施行。根據「國民中小學九年一貫課程暫行綱要」之規定，鄉土語言與國語文同列為本國語文課程，國小一至六年級學生必須就閩南語、客家語、原住民語等三種鄉土語言任選一種修習，國中則依其意願自由選修，自九十學年度起自國小一年級開始實施。另外，暫行綱要中亦說明，學校也可以依照地區特性和學校資源，開設閩南語、客家語、原住民語以外的鄉土語言讓學生選修學習，以培養學生在日常生活上具有使用母語溝通的能力。不過，遺憾的是

根據多位學者、專家的研究，這幾年下來在學校推動母語教學的成效不彰，雖有多人對此提出改進建議，但從現實的狀況來看，能用母語交談的新世代仍寥寥可數，母語文化流失的現象並沒有因政策改變而稍歇。難怪客家文化委員會主任委員葉菊蘭女士語重心長的指出：現今的原住民文化像是加護病房病患、客家文化是急診室病患、河洛族群則是排隊掛號的病患。是國語政策太成功了？抑或政策總是只能隔靴搔癢？這些都是有待進一步討論的。

台灣是一個具備豐富多元文化的國家，任何一個族群的文化傳承，除了靠部族的身體特徵、膚色、生活習性、工藝圖騰、服飾、宗教儀式、家祠建築的相傳外，最重要的還是語言及文字，才能夠綿延流傳。沒有族群語言，就沒有族群文化，因此語言不但是族群文化的無形資產，它也是使不同族群呈現多元文化面向的原因之一[5]。而語言作為族群文化資產的一部分，其可貴之處就在於運用上的絕妙，以下我們將介紹一些母語應用上的趣味性，尤其是一些寓意深切的俗諺，頗堪玩味。

五、閩南語趣談

細究台灣民間流行的方言，除了國語（北京話）之外，最廣為流傳的語言就屬閩南語了。不管你是來自哪一省籍，

---

5 姚榮松（1993）。鄉土語言。載於鄉土教材教法。台北市教師研習中心，頁 15～25。

是客家族群或原住民族族群，總能說上幾句簡單的閩南語，像是「呷飽沒？」就如同國語的「你好嗎？」，成為一般人見面時慣用的招呼語。

　　台灣地區使用的閩南語，因地理位置不同而有不同腔調。一般而言，北部大多屬海口腔，南部則多屬內埔腔；另外，還有漳泉混合的台灣通行腔系統。閩南語實具有多樣貌的色彩。來自泉州和漳州的閩南方言渡海來台後，不免摻著台灣當地住民平埔族的南島語，繼而隨著台灣政權數度的移轉，也加入了荷蘭語、西班牙語（例如，三貂角、富貴角）、日本語（例如，便當、歐吉桑、派出所、注射、便所）；六〇年代起台灣經濟起飛，因為貿易交流，和外國接觸愈益頻繁，亦受到各國文化的刺激，其中尤以美國文化為最，像是漢堡、三明治、OK等，皆可說是結合英語而產生的新語詞。然而，縱使汲取不少外來語，呈現不同腔調與風貌，閩南語卻也保留許多古代的語音和語義，具有文化意義及學術研究的價值。

　　在台灣，閩南語的境遇就如同台灣人的命運一般，歷經數度無情風雨的摧殘，這一切都可從閩南語歌謠創作的過程中，找到歷史演化的痕跡。不過，在悲苦中卻也看見許多饒富趣味、甚具哲理的民間俗諺、歇後語流傳著，彷彿在鼓勵自己及告誡後代子孫，光明在望，當不畏艱難地勇敢向前進！以下將先由妙趣橫生的閩南俚俗諺語起始，接著藉由閩南語歌謠紀事，領略閩南語的奧妙。

1. 趣味及寓意深切的俗諺

俗話說：「富不過三代」，意思是富家子弟不懂勤儉持家，再多的錢財家產也會很快就散盡。同樣的，台灣俗諺中也有對此現象的描述，不過卻形容的更為寫實且生動：「好額無過三代人：第一代儉腸塌肚，第二代看錢若土，第三代當囝賣某」。在台灣民間流傳著許多像這樣承載台灣精神與文化的俚俗諺語，是昔日父母教育下一代的參考，也是為人處世的重要準則。過去台灣在開發早期，四處都有水質清澈的溪流，魚蝦清楚可見，以前的人也就常常在住家附近的溪裡抓魚，縱身下水摸蜊仔，有時還順便把衣服褲子一併洗乾淨，於是留下了「一兼二顧，摸蜊仔兼洗褲」這句諺語，表示一舉兩得之意，充分反映民間生活經驗的情景。

台灣諺語的種類非常豐富。有強調家庭教化，例如，「在生吃一粒土豆，較贏死了拜一個豬頭」，道理和「子欲養而親不待」相近，意在提醒為人子女要及時行孝；「倖豬夯灶，倖子不孝」，奉勸為人父為人母不要太寵溺孩子，因為「細漢偷挽匏（胡瓜），大漢偷牽牛」，小時過於溺愛，沒有好好教導，將致使惡性成習，長大後變本加厲。

有強調社會人文，例如，「日頭赤炎炎，隨人顧性命」，描述世態炎涼，惟有靠自己才能度過難關；「有欠過日，無欠過年」，一般人的金錢周轉有向銀行借貸，或向親友借錢、標會等，但是到了過年前一定要全部將年間賒借的款項一次還清，所以叫做有欠過日，無欠過年。因此，對於

有錢人來說，過年是催討債款的好時機，不過對於窮苦人家來講就不是那麼一回事了，於是「大人煩惱無錢，囡仔歡喜過年」，小孩子高興著過年可以穿新衣戴新帽，大人卻為錢財在奔波。

有強調鬼神命運，例如，「舉頭三尺有神明」，說明冥冥之中存在神明監督著每個人的作為，所以要行善避惡；「天無絕人生路」，縱然「千算萬算，毋值天一撇」，還是要樂觀進取，勇敢面對困難不要失志，只要「一日平安，一日福」，因為「一枝草，一點露」，天生我材必有用，總有發達的時候。

還有強調時令文化，包括描述民間習俗者，例如，「廿九冥，無枵新婦」、「初五隔開，初六舀肥」、「清明毋轉去厝，無祖；過年毋轉去厝，無某」、「七月半鴨，毋知死活」、「十二月，無閒蒸籠」等。描述節氣月令者，例如，「四月芒種雨，五月無乾土，六月火燒埔」、「西北雨，落袂過田岸路」、「大寒不寒，人畜不安」，意指大寒日如果天氣不覺寒意，來年人和畜都會多災難、多病痛。描述四季氣象者，例如，「春寒雨愈灑」、「寒天婿查甫，熱天婿查某」、「未食五月節粽，破裘毋甘收」，指出「春天後母面」，氣候變幻無常，氣溫要過端午之後才會逐漸回升，所以冬天厚重衣裳必須等到端午節過後才可以收起來。

這些不同種類的台灣俗諺，以最簡短又生活化的文字表達人生道理與生活哲學，成為生活起居不可或缺的重要準則，像是由月亮的形狀「初三四，月眉意；十五六，月當圓；二

三四，月暗冥」，就可以判別今夕是何夕；由「新竹風，基隆雨」，亦可清楚獲得新竹是風城、基隆是雨都的地理知識。

除了「一個某，卡贏三個天公祖」[6]此類傳達台灣人過去對人生的體驗的諺語外，尚有一種體會閩南語美妙之處的表達方式，那就是歇後語。歇後語可以用來應話，可以用來猜謎，如「阿公娶某——加婆（雞婆）」，阿公娶老婆，自己就多了一個外婆，所以叫「加婆」，剛好和閩南語「雞婆」同音，表示多管閒事的意思。類似的還有「阿爸娶細姨——加母（雞母）」，同樣是因為發音相同而有弦外之音。正因為其帶有謎猜意味，常令聽者會心一笑。

歇後語和諺語一樣，記載許多昔日農業生活裡人際間互動、價值觀念與生活觀察等知識，至於主題也五花八門，內容十分豐富精采。從以下關於台灣歇後語分門別類的介紹，你將可以利用諧音或類比關係，發現歇後語趣味之所在。

生活類——如：「墓仔埔放炮——吵死人」、「火燒豬頭——面熟」、「接骨師父——鬥跤手（幫忙）」把斷掉的手腳骨頭接好、「剃頭店公

6　過去由唐山過台灣的先民，幾乎清一色為「羅漢腳」（單身漢），他們移民來台後，常與當地的平埔族女子結婚。平埔族係屬母系社會，本為孑然一身之先民，在平埔族的招贅風俗下，同樣分得部分家產。因此，將「某」（妻子）比喻成百姓敬畏的天公，除了顯示當時女子深受歡迎的程度，對那些單身來台的先民而言，既娶得漢人女子為妻，又得到家產，也算是五子登科了。

休——無理髮（無你法，拿你沒輒）」、
「歸叢好好——無剉（沒錯）」、「甘蔗歸
枝齧——無斬節（沒有分寸）」甘蔗整枝拿
來啃而沒有斬成一節節來吃，所以叫做無斬
節，表示一個人行為處事失了分寸之意

人生哲理類——如：「囡仔跋倒——媽媽敷敷（馬馬虎
虎）」、「阿媽生查某囝——生姑（發
霉）」、「十全欠兩味——八珍（罵女
孩子）」、「幼稚園招生——老不收
（老不修）」、「矮人爬曆頂——欠梯
（欠揍）」、「乞食背葫蘆——假仙
（假惺惺）」以為背上葫蘆就裝成八仙
中的李鐵拐、「和尚划船——沒髮
（法）渡（沒辦法）」

動植物類——如：「澎湖菜瓜——十稜（雜念）」、
「貓爬樹——毋成猴（半調子）」貓再會
爬樹也比不過猴子、「老牛拖破車——行
一步算一步」形容環境再惡劣仍要過下
去、「六月芥菜——假有心」形容人虛情
假意不真誠

文化混合類——如：「外省仔麵——麵（免）」、「外
省人吃柑仔——酸（辿）（溜）」、
「美國西裝——大輸」美國西裝讓身材
較嬌小的東方人穿起來當然太大件、

「金仔山查某──礦區女」日語讀音
「混凝土」（concrete），諷刺人不知變
通

2.閩南語歌謠記載歷史演化

　　音樂是人類傳達感情，抒發情懷的最佳媒介。閩南語歌謠曾伴隨祖先度過戰爭慌亂、山林開墾時期，讓他們能勇敢面對生命中的困頓、疲憊與折磨，並且重拾信心，積極進取的迎接下一個挑戰。而這一首首代表過去歲月，如今依舊膾炙人口的歌謠，經由一代代傳唱，就像文字記載歷史般，用音樂寫下不同時期的社會現狀，也反映了當時人們的心聲。

　　早期先民由唐山過台灣，致力於家園的開拓，生活普遍困苦，求得三餐溫飽是人們最大的願望和享受。然而，他們在建立家園之際，卻也不忘藉由歌曲記下生活的點滴。因此，以人民生活為素材的民謠遂應運而生，成為他們在農忙之餘的精神食糧。例如以下這首活潑又趣味的《天黑黑》，代表的正是台灣早期創作、流行的自然歌謠。「天黑黑，欲落雨，阿公仔舉鋤頭仔欲掘芋。掘啊掘，掘啊掘，掘著一尾旋鰡鼓，咿呀嘿都真正趣味。」歌曲中描述兩個老人家為了一尾旋鰡鼓要如何烹煮而爭執不休，甚至大打出手，「阿公仔欲煮鹹，阿嬤欲煮淡，兩個相打弄破鼎……哇哈哈」看著彼此稚氣的行為，卻也忍不住相視大笑。

　　除此之外，還有源自於嘉南平原的《一隻鳥仔哮救救》，「嘿嘿嘿都一隻鳥仔哮救救，哮到三更一半暝找無巢

……什麼人仔甲阮弄破這個巢，乎阮掠著不放伊干休」表達甲午戰後割讓給日本的台灣，宛如一隻覆巢之鳥，夜夜悲啼，歌曲淒厲唱出日據時代台灣人痛聲家園遭人破壞的怨恨。再者，如蘭陽平原的《丟丟銅仔》、描述閨中少女等待郎君到來的《六月茉莉》、男女調情歌曲《桃花過渡》等，亦同是當時自然民謠的代表。

閩南語歌謠的創作歷經幾個重要關鍵時期。首先為戰前一九三二至一九三九年日治時代，短短八年期間，卻創作出至今仍傳唱不斷的歌謠，如《望春風》、《雨夜花》、《月夜愁》、《白牡丹》、《心酸酸》、《四季紅》、《河邊春夢》、《滿山春色》等。以《望春風》為例，作詞者李臨秋來自《西廂記》中崔鶯鶯月下等候張君瑞那種「隔牆花影動，疑是玉人來」期待心境的創作靈感，寫下懷春少女情竇初開的情懷。

「獨夜無伴守燈下，清風對面吹，十七、八歲未出嫁，遇到少年家，果然標致面肉白，誰家人子弟，想欲問伊驚歹勢，心內彈琵琶。想要郎君做尪婿，意愛在心內，等待何時君來採，青春花當開，看見外面有人來，開門該看覓，月娘笑阮憨大獃，被風騙毋知。」

其次，為一九四六至一九五二年，當時百姓正從戰後廢墟中重建家園；然而，二次大戰中被徵召至南洋充當軍伕的台灣同胞卻生死未卜，沒能返鄉和親人團聚，家中父母妻小

只好寄託那卡諾作曲、楊三郎作詞的《望你早歸》，唱出心中殷切的期盼：

> 「每日思念你一人，袂得通相見，
> 親像鴛鴦水鴨不時相隨，無疑會來拆分離。……
> 阮只好來拜託月娘，替阮講乎伊知，
> 講阮每日悲傷流眼屎，希望你早一日回來。」

同時期還有一首佳作《補破網》，亦值得一提。

> 「看著網，目眶紅，破甲這大孔，
> 想要補，沒半項，誰人知阮苦痛，
> 今日若將這來放，是永遠沒希望，
> 為著前途潛活縫，找傢俬補破網。」

這首由李臨秋作詞、王雲峰作曲的《補破網》，是舞台劇《破網補情天》的主題曲。由於「漁網」和「希望」的台語音相同，這首歌曲也就被用來呼籲全國同胞共同提起針線，縫補社會因一連串白色恐怖事件所帶來的傷痕。另外，像是《燒肉粽》、《港都夜雨》、《孤戀花》也都是戰後初期創作的歌謠。

五〇年代中期，台灣人民對國民政府的不滿引發一股懷日風潮，唱片公司為了迎合這鼓風潮，同時節省製作成本，由日本原曲填上台語歌詞的翻唱歌曲成為市場主流，如《孤

女的願望》、《可憐戀花再會吧》、《媽媽歌星》等，都造成不小轟動。六〇年代初期，《舊情綿綿》、《思慕的人》、《暗淡的月》等歌曲的發表，象徵音樂創作者的覺醒，閩南語歌謠再獲重振。進入八〇年代，《舞女》紅遍大街小巷，《愛拚才會贏》符合台灣當時候經濟發展的景況，直至今日仍是激勵個人不畏艱難，勇往前進的歌曲。到了九〇年代，社會風氣愈益多元，一首《向前走》，「……再會吧！什麼都不驚。再會吧！向前走。……」顛覆以往閩南語歌謠的創作模式，展開閩南語歌曲的新紀元。

六、客家語趣談

　　「細妹仔按靚細妹仔按靚親像一枝花……」這首流行歌曲傳唱大街小巷，你可知道歌詞唱的是什麼意思？

　　「細妹仔按靚」指的是小姐好漂亮，其中「細妹仔」是指尚待閨中還未出嫁的女子，如果已嫁作人婦則稱作「婦人家」。這句形容詞和「承蒙你」、「按仔細」同樣代表感謝意思的話，無論會不會講客家話，是不是客家人，在日常生活中或多或少都會聽到的。

　　客家語有其獨特的腔調，還保留古代語言雅音，象徵智慧的俚俗諺語成為待人處事的準則，而傳唱山間的客家山歌，更讓人感受歌者濃郁情絲，不時帶點俏皮與戲謔。

1.客家語腔調及語言特點

　　一般來說，客家人原來是居住在中國北方的居民。數千年前因為戰亂與政變的關係，數度舉族南遷，並和當地住民發生文化上的交流，再加上山區生活環境的影響，演變成獨特的客家文化。近百年來客家族群渡海來台，全省四處移居拓墾，同時由不同祖籍來源產生不同腔調的客家語。目前台灣的客家語主要是以四縣腔和海陸腔為主，分布在桃竹苗地區、高屏六堆一帶及花東等地，除此之外，還有饒平、詔安、永定及四海等散居次方言。

　　四縣話是台灣客家語中最通行的語言。所謂四縣，指的就是嘉應州梅縣附近的興寧縣、長樂縣、平遠縣以及鎮平縣。至於源自廣東省海豐及陸豐縣的海陸話，則是台灣客家語的第二大語系。值得一提的，客家次方言「四海話」乃為四縣與海陸兩種客家腔調混合使用形成，諸如桃園楊梅、新竹關西及花東地區皆為四縣話與海陸話混雜地區。

　　台灣客家語大致的分布情形如下[7]：

　　四縣：主要集中桃園、苗栗、屏東及高雄的六堆地區，
　　　　　包括桃園縣中壢、平鎮、楊梅、龍潭；苗栗縣除
　　　　　了苑裡、通宵、竹南、後龍、卓蘭等地以外，均
　　　　　通行四縣話，可說是四縣話的大本營；高雄縣美
　　　　　濃、杉林、六龜；以及屏東縣長治、新埤、萬

7　台灣空中文化藝術學苑。90年度節目——語言篇：客家語㈠。http://www.tpec.org.tw/air-art/data/year90.asp? chapter_id＝L

　　巒、竹田、內埔、麟洛、佳冬、高樹等地。

海陸：包括桃園縣觀音、新屋、楊梅，新竹縣竹東、橫
　　　山、關西、新埔、湖口、寶山，以及宜蘭、花
　　　蓮、台東部分地區。

饒平：包括中壢的過嶺里，新竹縣竹北、芎林，苗栗縣
　　　卓蘭，以及台中縣東勢等地。

詔安：主要分布在桃園縣八德、大溪鎮南興里，雲林縣
　　　二崙、崙背，及彰化一帶。

永定：桃園縣龍潭鄉的吳姓宗親，位於聖蹟亭附近，大
　　　約有幾十戶的永定宗親。

四海：桃園楊梅、新竹關西及花東地區。

　　由於客家人多半是從中原遷來的，因此在客家語中含有許多古音雅言成分，像是客家語中稱「吃」為「食」、稱「稀飯」為「粥」或「糜」、稱「沒有」為「無」，即充分顯示其與古代詞彙的謀合。值得一提的是，保留入聲字的重要特徵，使得用客家語唸起唐詩、宋詞顯得格外有韻味，亦成為後人研究古典詩詞與文學的重要參考。

　　我們也可以由客家語和國語及閩南語的對照，看出客家語的特性。例如，「天氣很冷，『多』穿一件衣服以免感冒。」國語和閩南語都習慣將「多」放在「穿」之前，但是客家話卻是將「多」放在「穿」之後，改說「天氣很冷，穿『多』一件衣服以免感冒」。客家語中也習慣將「添」一字放在句末當動詞的補語。譬如說：

　　國語：吃飽沒？要不要「再吃一碗」？

閩南語：吃有飽沒？敢抹「擱食一碗」？

客家語：有吃飽嗎？愛多「食一碗添」？

了解客家語的獨特用法，下次再聽到有人這樣講，也就不會覺得奇怪了。

2. 客家俚俗諺語趣談

俗話說：「諺從俗俚來」，反映諺語忠誠記載鄉間生活型態的點滴。這些簡短的辭彙，寓意卻至為深遠，可以說是昔日人們生活智慧的累積，具有勸人為善，警世勵俗的作用。客家生活上有些常用的諺語，比如「未雨先風，多半晴空」，意思是還沒有下起雨就先括起風，那麼當時候的天氣將會是晴天，不會下雨的。這是客家老農由「春耕、夏耘、秋收、冬藏」周而復始的農忙中，長期觀察天象而得，但也可以進一步引申，比喻一個沒做事就先開口，工作成效一定不佳。

客家人之所以稱為「客」人，有一個說法是這麼以為，早期客家人為了逃避戰亂，只得四海飄泊，天地為家，「客」家人，乃取其四處為客的意思。「逢山必有客，無客不住山」，即道出客家人多居住於靠山傍水之地的特性。在農閒之際，可能下山到外地打零工，「出門看天氣，入門要看人氣」的告誡，意味出門在外要察言觀色，凡事小心。而且「出門低三輩，處處是方便」，異地工作求學總有不便，但是只要為人謙虛有禮，亦將受人歡迎，有助尋常問題的解決。

　　「有子有子命，無子天註定」，是閩南語諺語中透露出命由天生的宿命，同樣的，客家諺語中也有「人會算，天會斷」的描述。為了激勵人不向命運低頭，「天無三日雨，人無一世窮」，指出人不可能一輩子窮苦潦倒，只要願意奮鬥努力，還是有擺脫貧窮的一日。不過，「好天不出門，等到雨淋頭」，機會是不等人的，時機到了就要好好把握。另外，還有一些平日養生的哲諺，像是「飯後一杯茶，餓死醫生家」、「飯後百步走，活到九十九」、「三月食毛桃，毋死也疲勞」等。

　　妙趣橫生的歇後語也展現客家獨有的習俗文化，被客家人稱為「師父話」，更因其有上無下的特性，而被戲稱為「太監話」。客家歇後語，例如，「四兩人講半斤話——噴雞頦（吹牛）」、「胸前掛鎖匙——開心」、「一家十五口——七嘴八舌」、「蝦公生鬚——假老人」、「牛欄肚鬥牛嬤——專打自家人」等。

3.由客家山歌領略客家語之美

　　客家山歌可說是客家人的口語文學。客家人由於所處生活環境的關係，終日作息於山區田野之間，不論客家男女均出外耕作；貧瘠的山坡丘陵地雖然讓客家人的生活過得較為刻苦，卻也因此成就客家人簡樸勤勞的性格。同時，因為客家社會禮教嚴謹，男女之間須嚴守份際界線，於是長期的山間工作，就給了年輕男女互訴衷曲的機會。「東邊落雨西邊晴，新做西唇唔敢行。燈心造橋唔敢過，心肝想妹唔敢聲」

一曲即生動的道盡男方既思念卻又不敢輕言的濃濃情絲。

　　客家山歌的曲調非常簡單，字句也不受拘束，但通常以七字四行來表現。由於是在原野山谷放聲抒發自己的情感，所以在語言的使用上往往採取反覆或即興的創作。像以下這首客家山歌，「脫心肝」、「心肝脫」反覆字詞的運用，讓人深刻體會女主角因不見郎君的內心焦急，連淚水都可流成河供撐船了。戀愛中女子飽受別離的痛苦與折磨，令人聽了不禁為之動容與心疼啊！

　　　「日日看哥日日安，三日無看脫心肝；
　　　心肝脫了街上賣，目汁流來好撐船。」

七、原住民族語趣談

　　經由俗諺、歌謠認識閩南語和客家語的奧妙之後，接著將帶你認識台灣原住民族語。經由台灣地區現存之南島語言，了解原住民族語的特色，及其所反映的不同社會文化等。

1.台灣地區的南島語言

　　目前台灣地區共有原住民族包括泰雅族、賽夏族、布農族、鄒族、魯凱族、排灣族、卑南族、阿美族、雅美族、邵族、噶瑪蘭族和太魯閣族等十二族，以及平埔族。這些台灣的原住民族同屬南島語系，而其語言就像文化一樣，逐漸凋

零中。其中平埔族更因為漢化較早，使得絕大多數的平埔族語消失殆盡，不過，平埔族語卻曾影響了閩南語和其他漢語，此可由目前我們仍在使用的詞語中見著平埔語的痕跡，例如，牽手，為結婚、夫婦或曰夫稱婦，今日閩南語亦稱婦為牽手；放手則為牽手的相對意義，表示離婚之意。此外，一些台灣地名，也是根自於原住民語而漸為流傳與使用，例如：

北投──北投地處台北市的最北端，在平埔語是「女巫」之意。

烏來──位於台北縣的烏來，目前以溫泉著名，事實上泰雅族即稱烏來為「Uari」，發音近似「烏來」，正表示「溫泉」的意思。

萬華──萬華古稱「艋舺」，乃出自平埔語「Van Ka」，代表獨木舟之意。

麻豆──台南麻豆乃由西拉雅語而來，指的是「眼睛」的意思，因為在清朝以前，麻豆地區已有發達的航運，因此西拉雅人將此地命名為麻豆，取其四通八達，眼觀四方之意。

打狗──打狗，即今日之高雄，為昔日平埔族打狗牙（tancoia）社分布的範圍，漢人將之簡化為「打狗」（Tacau），音似日語的「高雄」，因此「打狗」變成「高雄」。

2.各族特異的語言結構

台灣原住民族各自不同的語言結構，反映出的正是各族

特殊的社會文化。以雅美族（又稱達悟族）為例，雅美族長期居住在台東外海的蘭嶼島上，不僅和其他原住民族甚少接觸，語言亦和他族差異甚大，反而與菲律賓北部巴丹語群較為接近。因為居住外島上，山與海成了雅美族的經濟來源，尤其飛魚季的來臨更是年度盛事。魚在雅美族人生活中占有重要地位，連對魚的稱呼都有性別之分，男人魚叫「raet」，女人魚叫「oyod」。不只食用的魚，連日常生活招呼語都因性別有所差別，讓人清楚從語言中了解雅美族對社會層級的看待。

非但不同族群間的語言可能有別，即使族群內亦會因為方言群不同而造成發音或語意的差異。例如，同樣表示「豬」的意思，中排灣唸做「ㄚ　ㄘㄤˋ」，南排灣唸做「ㄉㄧ ㄉㄧ」；同樣說「ㄇㄚ ㄋㄧㄇㄚ ㄋㄧˋ」，在北排灣是表示謝謝的意思，到了南排灣卻變成脾氣不好。然而，也有不同族語間發音雷同的情況，像是父親在賽夏語稱為「daman」，泰雅語則為「yaba」；母親在賽夏語稱為「dinine」，泰雅語則為「yaya」。試著唸唸看，兩者聽起來是否很相似呢？

另外，各族命名的方式也很有意思。泰雅族採父子連名制，也就是在自己名字的後面，加上父親的名字作為自己的姓，成為「自己的名字＋父親的名字」這類的姓名結構，就像是英文姓名一般，為名字在前、而姓氏在後的姓名結構。排灣族的每一個家屋都有一個名字，出生在該間家屋的子女都要將家屋名冠在自己名字的前面或後面。至於賽夏族則是長子襲祖父名，長女襲祖母名，後面再連接父親名和氏族名，

姓名結構為「自己的名字＋父親的名字＋氏族的名字」。

各族有其特殊的語言結構，關於日常生活用語也有不同的表現。一起來學習簡單的生活用語吧！

問候語／族別	阿美族	泰雅族	魯凱族
你好	nga' aiho	lokah su	muadingadiangi su
謝謝	alingato	muhuway su	mau lanenga
再見	sanga' ay hanto	sgagay	sapaul

八、漫談未來的語言政策

在台灣，語言政策的制定一直都糾結著複雜的文化、政治、權力與經濟因素。國民黨來台之後，一方面要消除日本皇民化意識，另一方面則因為在大陸的失敗經驗，對於地方主義特別敏感，生怕地方意識凌駕國家之上，造成分離主義，同時還因為抱持著「反攻大陸」的夢想，所以不論是前者或是後者的因素，國語政策的背後其實就是盤根錯節的政治、經濟、社會權力運作關係。

不過，相較於過去國語政策下的處境，現在的母語地位已漸受重視，而且社會所形成的一股風潮已帶動了整個社會對語言價值的反省，大部分的人都了解到各種不同族語所具有的不可磨滅的價值，應受到同等的重視。

台灣是一個多族群的國家，每一個族群都擁有各具特色

的文化、風俗，這些差異化的特質形塑而成族群豐富又多元的資產，並造就出台灣多元、共榮的文化風貌。從認同自己的族群、認識自己的文化根源開始，我們才能意識清晰地邁向多元文化世界。更積極的做法是，把存在於語言下的台灣文化推廣出來，以豐富全球一體化的世界，進而提供大家有更多觀察、思考和解釋這個世界的意義。因此我們在學習母語時就不能只是重視語音、語意和語法的學習而已，若是在學習過程中忽略了文化的傳遞與解說，則母語教學亦不能充分發揮其維護及發揚母語的功能。語言課程如果不能從世界多元文化的角度來思考，而純從語言獲得的角度來處理，其成效將極其有限。因此未來如何訂定一套適合台灣這一個具有多元文化特色社會的語言政策，著實考驗著當政者，因為這不只是政治，更是一種高難度的文化工程。

民主多元的社會應營造一個多元尊重的環境，以豐富各種母語的生命力與永續發展的可能性，所以，培養具容納異己精神的公民就有其重要性與急迫性。過去不當的國語政策造成現今母語流失，殊屬可惜，未來應記取教訓，讓歷史不再重演，並且進一步的從世界多元文化資產保存的角度來思考母語的價值。因此，在未來母語政策的制定上，本書提出幾個思考的方向作為參考：

1. 提升母語的地位

將母語定為官方語言，如新加坡的做法，以提高能見度及增強母語的活力。這個部分會牽涉到制度的配合、經濟的

支援、使用母語人口數增加等問題。有些問題可能不是短時間內可以達成的，但提升母語為官方語言絕對有助於母語地位的提升，進而使族群的人認同自己所屬的族群，並且以身為族群的一員為榮。當然，身為族群的一員，由自己開始做起，在家庭中多以母語交談、溝通則是責無旁貸的首要任務。

2. 學校、社區、家庭一起來

母語的學習在學校正式課程中如果確定效果不彰，那麼在達成宣示性意義的階段性任務之後，應進一步的思考如何將社區、家庭、學校的母語學習作一個統整，期待三者成為一個互相支援的學習系統。畢竟，家庭與社區才是母語復興的基地，學校充其量只不過是輔助的角色而已。因為，學校並不是語言保存最關鍵的場域，學習母語的黃金時期應在學齡前，甚且，母語教育在學校中實施，不只是時點太晚，時間也太少了，可能無法達成溝通以外的功能（現在的情形是連溝通的功能都無法達成）。不過，學校還是可以提供硬體設備，作為社區實施母語教學的場所，所以三者的整合就有其需要，重點在於如何整合，這個整合的工程或許就是我們所期待的政策施力點。

3. 多語環境的形塑

整個社會由於過去「廣電法」及相關法令嚴禁母語使用，除了造成族群語言地位的不平等外，更喪失了了解不同族群語言文化的機會。學校教育上也由於獨尊國語，貶抑母

語，造成新世代的年輕人和母語的疏離。家庭方面則在媒體、學校教育雙重的夾擊下，母語幾乎全面撤離家庭生活，造成單語化的情形愈來愈嚴重。因此，如何從社會、學校、社區、家庭等面向著手，打造一個多語的環境是人民迫不急待的需求，也是政府應從政策面極力介入的。我們期待透過立法的程序，讓不同的母語有平等的語言權，及彼此了解、學習、對話的機制，這個機制的遂行，可以是在學校中設立一個中心，也可以是一個社區機構，重要的是有政府的財力支援，社區居民就可以自主性學習自己的母語與他族的語言，同時也有機會和不同族群展開語言的交流與學習。這樣的期待在台灣我們看到了母語電台、母語電視都已開播，但還是有許多理想尚未實現，因此仍有很大的努力空間。

4. 提供母語學習的誘因

建立獎賞的機制，同時提供弱勢語言在學習上的工具性動機。例如以母語認證作為升學考試上的加分標準，此外，在不同母語族群區域內任公職，應經過特定族語的認證與考試才得報考等等，這些對母語的保存與特殊文化內涵的了解，都有正面的幫助，可以作為決策的參考。

5. 增加母語使用的機會

如果語言不被使用，而只在課堂上出現，那麼，這個語言就只是一個標本罷了。如何增加母語的使用機會？如果能先增加母語在公領域的使用機會，像在原住民、客家人、台

灣人居住較為集中的地區，其地方行政機構能以各該地方的
母語作為溝通的工具，將有助於提升母語使用的實用價值，
等到實用價值確立之後，再進一步讓國語和其他的母語都能
逐漸還原，達到平等擁有在公領域中的發聲權之理想。果真
如此，母語的使用機會將會從公領域擴及私領域，最後全面
擴散到社會各個層面。

　　一種語言就構成一個世界，並成為該世界的文化基礎。
不同的語言絕非只是發音、文字、文法等語言學上的差異而
已，更代表著不同的世界觀之呈現，尤其是表現在概念、邏
輯思考與價值觀等方面上的不同。語言除了可以幫助人們思
考外，也協助人們將自己的觀念融入所處的世界中。也就是
人們將自己置於社會的脈絡中，經由語言來開展自己與社會
的關係。透過語言的使用，我們能在適當的時刻，以最合宜
的方法與人交流。所以在台灣這種多元文化的脈絡中，各種
不同的文化所代表的不只是單一的信念與價值觀，更是一種
有意義的經驗累積。如果我們肯認了母語文化的價值，未來，
我們就該以保存文化資產之心來保存母語。也就是說，我們
應以多元文化主義的精神，將母語擺在多元文化的角度來思
考，尊重母語的獨一無二，而不是遷就於人口數的多寡和實
用與否，從而認知到母語是族群文化資產的一部分，和所屬
族群是彼此一體利害與共的感覺。而且，此種文化是豐富多
元世界文化資產的重要一環，如果缺少了我族的母語文化，
將會是人類最大的遺憾。

參考書目

台灣空中文化藝術學苑。90 年度節目——語言篇：客家語㈠。
　　http://www.tpec.org.tw/air-art/data/year90.asp? chapter_id=L

姚誠（1997）。尋找少年噶瑪蘭——以花蓮縣豐濱鄉新社國小噶
　　瑪蘭母語教學為例。第三屆台灣本土文化國際學術研討
　　會——台灣原住民文化與教育。

姚榮松（1993）。鄉土語言。載於鄉土教材教法。台北市教師研
　　習中心，頁 15～25。

施政鋒（2002）。母語傳承與母語地位。http://mail.tku.edu.tw/
　　cfshih/seminar/20021213/20021213.htm

黃光雄、陳美如（1998）。二次戰後台灣語言教育政策之回顧與
　　展望：以母語教育為例。載於郭康健、陳城禮主編，母語教
　　育的理論與實踐。香港：香港教師會。

黃東秋（1998）。英介式族語語音教學法之行動研究——一所高
　　中的社團組織為例。國立花蓮師範學院多元文化教育研究所
　　碩士論文。

第七章

青少年次文化

少年不識愁滋味，愛上層樓，愛上層樓，為賦新詞
強說愁。如今識盡愁滋味，欲說還休，欲說還休，卻道
天涼好個秋。

一、文化與青少年次文化

1.什麼是次文化？

文化，簡單的說，是指人們的生活格調與行為方式。不
同的民族或不同的社會，其成員往往會表現出不一樣的行為
模式，也常會有不同的價值觀念。例如，歐美國家的男女常
以親吻、擁抱，來表現彼此間的愛意；而中國人則採取較含
蓄的表現方式。文化的差異除了很明顯的展現於不同的文化
之間，即使是在同一個大社會中，常常也會因為社會成員特
質的不同，而形成許多次級團體，甚至是更小的附屬單位，
這些團體或附屬單位中成員的行為模式，除了與大社會共享
某些價值、信仰和規範外，還會有一些不同於主流社會，而
為該團體成員所共享的一些規範、價值和態度，這些就形成
了一種次文化。

有些人看到「次」這個字，往往誤以為次文化是指較為
次等或是較差的文化，其實，次文化是指較小團體或次級層
次的文化，基本上還是來自大團體的文化，但是由於地域、
種族、年齡、階級、性別等因素的差異，而使這些較小團體

的文化與大團體有所不同。雖然這些小團體的文化內涵和主流文化有些不同，但是仍然和主流社會共享某些價值規範，因此兩者只有不同，並無高低。每一個社會都有許多的次文化，例如，不同省份的人有他們特有的風俗習慣和生活傳統，因此形成許多不同的地方次文化。不同性別的人，不論是基於先天體質上的差異，或是後天社會的塑造，男女兩性在行為、思考模式等方面，的確存在差異，因此相對於男性主導的價值規範成為社會的主流文化，女性依其特質發展出來的便形成女性次文化。不同年齡的人，也有他們特有的生活習慣與人生態度，於是形成不同的年齡次文化，青少年次文化就是其中之一。

2.什麼是青少年次文化？

青少年次文化是一種依社會成員年齡而形成的次文化。青少年是指人生中介於兒童期到成年期之間的一個發展階段，也是在心理和生理上發展與改變很快速的一個階段。依據「少年事件處理法」的規定，少年是指十二到十八歲之人。而行政院青輔會之「青少年白皮書」則將青少年界定為十至二十四歲之男女，因此我們可以從廣義的說青少年次文化是指十到二十四歲這一個年齡層的青少年男女所獨具的價值、行為、觀念態度與生活方式。這些獨特性常表現在他們的服裝、髮型、用語、舞蹈等各方面。

3. 青少年次文化有哪些特色？

　　走在路上，看看身邊的青少年，許多男生模仿足球明星貝克漢的髮型，模仿美國職籃球員穿著寬鬆的 T 恤和長褲；女孩子將頭髮挑染各種顏色，或在手指甲上分別塗擦各色的指甲油。許多青少年還曾流行穿耳洞、鼻環、甚至在肚臍和舌頭上穿上鋼珠。拿著超炫的手機和朋友聊天，在網咖中玩即時的線上遊戲。不論是羨慕或是厭惡，這彷彿是當下青少年的標誌。

　　其實所有的次文化都有自己的特色，而青少年由於正處於人生中快速成長的階段，加上成人們覺得這些青少年的想法和作為常和成人世界不同，但是他們又是社會未來的主人，因此青少年次文化在現代社會中特別受到重視。受到文化傳播的影響，今日世界各地的青少年次文化有日趨接近的趨勢。歐美國家青少年的流行風潮，很快便影響到日本、香港等地，台灣也很快就將美、日等國流行的青少年次文化引進國內。

　　由於探討的是青少年次文化，自然和青少年這個年齡階層的特色脫不了關係，整體而言，青少年次文化所具有的特色包括：

⑴是一種青少年階層特有的文化現象

　　青少年次文化是青少年同儕在社會環境脈絡之下，經由模仿認同，彼此互動習染而形成的獨特文化現象。經常會讓社會中其他成員覺得「怪異」或者「無法接受」。例如，青少年一身的龐克打扮，掛上唇環、肚環、鼻環，髮型及色彩

奇特，顯得「酷」的不得了，相對的，其他社會成員中規中矩的打扮，可就「遜斃了」。同時，青少年還喜歡使用一些專屬於青少年特有的用語，以彰顯自己的獨特性。

⑵是一種和成人主流文化相抗衡的次文化

處於此一階段的青少年，雖然在生理和心理上已經趨於成熟，然而在經濟方面或是社會地位上尚未完全獨立，往往仍需依賴父母的供應，也常處於成年人或家長的支配之下，因此最容易產生抗拒成年人的心態。這種心態最主要的表現，就是對於成人世界的形式化、規矩太多以及繁文縟節的反抗。因此，青少年們常在行動或服飾上，處處流露出不拘形式、不墨守成規的習性；喜歡使用簡潔、省略、不繁文縟節的語言；在應對和人際關係方面，也偏好單純、自然；崇尚自然、本性、不客套、不虛偽的生活。

為了彰顯自己已經長大，開始有自我的想法及行為自主權，不願再被父母完全掌控，青少年往往會藉由獨特的行為或價值觀，抗衡來自父母師長的主流文化。例如，在父母師長眼中飆車通常被認為是一件「危險」的事情，但青少年卻認為是一種「帶種」的表現；父母師長通常認為服從校規是「循規蹈矩」的表現，但青少年卻認為是「乖乖牌」的表現，無法凸顯自己與眾不同之處。例如，近來流行穿寬鬆的垮褲，反映在學生制服上的是，有部分學生將學生褲故意穿的很低，甚至會刻意露出自己所穿的花內褲的褲頭，如果你問他們為何如此穿著，他會告訴你這是一種流行，也可以展示自己的特色。

(3)追逐流行，來得急去得快

青少年的次文化有時似一股熱潮而蔚然成風，但是相對的，這些流行風潮往往有如一陣風，來得快、去得也快。例如，當紅的偶像歌手或明星真的是應驗了「長江後浪推前浪，前浪死在沙灘上」的說法，幾乎每隔一段時間，偶像就會大換血；曾經風靡國中小，甚至高中的魔術方塊或電子雞，各類卡通人物的遊戲卡，甚至是各類電動遊戲，常在一陣流行風潮過後，消失的無影無蹤。商人們不斷的推陳出新，青少年們也在一波又一波的流行商品追逐中展現自己與成人世界的不同，凸顯自己的特殊。

(4)展現出對機械化生活的不滿

工業化社會雖然給人們帶來豐富的物質享受，以及更為便捷的生活，但是也帶來了冷漠、機械、單調和枯燥的生活特性，對於充滿活力、希望和理想的年輕人而言，會比成年人更無法忍受工業社會刻板、機械的生活。他們不滿於工業社會的冷漠、現實而缺乏人情味的人際關係，也很難忍受在龐大的社會系統中，個人像螺絲釘般完全失去其主動和自尊，因此在行為上常表現出趨於活潑、明快、不呆板、有情趣，甚至是調皮的特性；並且尋求創新、創舉，進而偏好表現突出的「前衛」行動，甚至於標新立異。

(5)同時具有正面及負面功能

有些青少年次文化是「庸俗的」、「逸樂的」甚至是「反道德的」。例如，粗鄙的行話、物慾橫流的享樂、藥物濫用、甚至濫交等；但相反的，也有正面功能的青少年次文

化，例如，參與慈善活動、社會救助、研習社團以及宗教奉獻等。近年來不論是在高中或大學中都有許多社團以服務為宗旨，利用週六、週日或寒暑假前往社區甚至是山地，針對老人、學生或原住民提供相關的服務。也有些年輕人參加海外服務隊，前往世界上一些貧窮落後的地區進行服務，而這些年輕朋友都覺得為這些地區的人們提供服務，除了對當地居民有所助益外，更讓他自己對人生的意義和價值有了深刻的認識和體會。

　　也有學者認為，隨著社會結構的急遽變遷、社會制度的不斷調整更新、人際關係的日趨複雜，以及社會價值觀念的日益朝向多元化發展，青少年次文化的本質特性和類型，也不斷推陳出新。近年來我國青少年次文化值得重視的發展趨勢包括下列幾項：

- 逸樂鬆軟的價值取向
- 膚淺刻薄的語言形式
- 封閉唯我的圖像思考
- 短暫閒散的人生態度
- 盲從瘋狂的偶像崇拜
- 逃避退縮的藥物濫用現象
- 偏差暴力的問題行為

　　上述的說法似乎顯得較為負面，但是也的確凸顯出青少年次文化的某些面向和趨勢。我們也可以換另一個角度或說法來看青少年的次文化現象，由於社會中各類消費產品充斥，各式廣告不斷刺激消費者購買各種商品的慾望，整個社會都

瀰漫一種商品消費文化，青少年在這樣的環境中自然逐漸講求放鬆自己、滿足慾望，而忽視自我克制的功夫。另一方面青少年總希望自己具有不同於成年人的特色，因此各種屬於青少年特有的用語不斷推陳出新。從早年的「馬子」、「條子」，到現在說話時「哇塞」之聲不絕，「瞎掰」、「臭屁」盈耳，動輒「酷死了」、「帥呆了」、「遜斃了」、「海Ｋ一番」、「秀逗一下」、「挫賽」等國台語混雜，英日文結合、戲謔的口頭禪與行話，都成為青少年日常用語的一部分。不論我們是否喜歡，要想了解年輕人的世界，還是得要先了解他們的用語。

漫畫、卡通的流行，電動玩具與電腦的普及，使得現代青少年對螢光幕圖形變化興趣濃厚；對於較為費力的教科書等文字閱讀，相對的，則比較不感興趣。另一方面，青少年由於對自我認同的煩惱與追求，轉而投射為盲目瘋狂的偶像崇拜；加上部分青少年缺乏人生目標，也沒有積極的學習態度，因此逃學、蹺家、輟學的人數日益增加。近年來吸食安非他命或各類迷幻藥者日增，形成了逃避退縮、自卑自殘而疏離苦悶的現象。甚至部分青少年還有偷竊、勒索、校園暴力、飆車傷人等行為出現。其他如性觀念的偏差與性知識的缺乏，援交或網路一夜情的新聞也時有所聞。雖然這些現象令人感到憂心和焦慮，但是，也並不是所有的青少年都會產生這些次文化現象，仍有許多青少年積極投入公益或服務、慈善等活動，也有許多青少年對未來充滿理想，對社會中不正義的現象提出質疑。

二、青少年次文化是如何形成的

　　青少年總是展現出無比的活力，以及對於成人世界的某些反抗，期盼有不同於成年人的獨特行事風格以及價值觀，在整體大文化中，經常表現突出，引人側目，以顯示自己的與眾不同。為什麼會有這樣的現象，是許多教育學者和社會學者特別關注的議題。一般而言，青少年次文化的形成因素大約包括下列數項：

1. 個人身心特質

　　個人人格的發展會受到生理遺傳以及後天環境的交互影響。從社會心理學的角度而言，一個人的行為是個人人格（如動機、需求和價值）與社會環境（如角色、壓力和期望）交互作用的結果。個人的價值體系和自我觀念是經由社會學習的結果，每一個人能力不同、經驗不同，因而形成不同的價值觀，進而影響其行為的模式。

　　在青少年階段，由於各方面的發展極為快速，比起人生中其他階段的發展而言，顯得較不穩定，容易因為外在的一些干擾而產生失衡現象。處於此一階段的青少年，一方面內在賀爾蒙的分泌尚不穩定，一方面對外在的感受特別敏銳，因此情緒的反應經常較為激烈，很容易有高低起伏的不穩定狀態發生。同時，青少年也很容易因為父母或師長的一句話，覺得受到傷害，也常會因為未能獲得同儕的接納而傷心欲絕。

此外，由於此時他們開始嘗試成人世界的角色與行為，容易遭受到挫敗。在這個介乎兒童與成人之間的階段，他們既不再喜歡兒童的行為方式，卻又未能完全被成人世界所接受，形成一種邊際人的狀況。這種青年期的性格特質，加上學校與社會因素的激盪，就形成了不容忽視的青少年次文化。

2.同儕團體的影響

同儕團體的規範是形成青少年次文化最重要的因素。所謂同儕團體（peergroup），是指年齡、權力、地位大致相同的人所結合的團體。同儕團體具有幫助與增進成員社會化的功能；心理學者指出青少年期是人格轉變的過渡時期，如艾里克遜（Erikson）認為個體進入青少年期後，基於身心發展與社會需求，必須把兒童期以來的認同形象加以選擇與重整，並進一步尋求自我、肯定自我，這種整合過程是一種「自我認證」（ego identity）的過程。

青少年由於身心發生劇烈變化，一方面覺得自己已經長大而不屑與兒童為伍，另一方面卻未能被成人完全接納，因而產生無助和茫然的感覺。同時，青少年尋求獨立自主，視父母的關懷照顧為一種束縛，但又不能脫離父母的照顧，面對多變的世界，對未來充滿焦慮和不安。基於自我認證的需求，以及同病相憐的心理，青少年特別重視同儕團體。

由於團體成員的年齡、處境等極為相似，使同儕團體易於形成屬於他們自己的價值與規範。這些規範具有約束成員的力量；凡所隸屬的成員能符合同儕的規範，就被接受與尊

重，否則就被排拒與冷落。因此同儕團體對於青少年次文化
的形成，具有重要的影響力。從教育觀點而言，如果青少年
同儕團體的價值與規範和成人或教師愈相同，則愈有利於學
校教育或社會化的功能；如果其規範和行為是反社會的、犯
罪的，則愈不利於學校目標的達成。

3.社會變遷的影響

有人說社會是一所大學校，每一個生活在社會中的人，
都會在不知不覺間受到社會的影響。尤其是在傳播媒體發達
之後，人們更是容易受到社會的影響。美國社會學者法拉克
斯（R. Flacks）認為社會變遷太快，引起社會失調、新的科
技發展與固有文化體系之間的衝突，產生價值體系混亂，使
許多青年產生「認同的危機」（identity crisis）——無法界定
生命的意義，無法接受上一代所給予的成人生活意義與行為
規範。當青少年不滿主流社會的觀念與做法，且彼此相互影
響及採取共同行動的結果，就形成了青少年次文化。

青少年習於接受新事物，對於事物的判斷標準與行為準
則比較趨於現代化與自由化，與上一代的價值觀念有所不同。
由於此種歧異，遂使青少年次文化富有抗議與批判色彩。青
少年特別喜歡接受新奇的事物，當社會有新的發明、設施或
生活方式時，他們會迅速模仿學習。然而當社會風氣不佳時，
青少年也很容易受到污染，像近來經常在媒體新聞中報導有
關青少年出入搖頭 PUB，開 HOME PARTY，或是模仿日本
的 101 辣妹，以及援助交際等行為，都是社會快速變遷下，

青少年受到不良社會風氣影響而出現的次文化現象。

　　同時，受到現代社會大眾傳播工具在速度與內容形式方面驚人進步的影響，青少年次文化的某些特色一旦出現，就很快的散播到每一角落。加上青少年學生的好奇心與模仿力較強，這些特色很快就被接受，促成青少年次文化的擴散與普及。

三、青少年與流行文化

　　還記得麥當勞推出買特餐再加若干元即可購買 Hello Kitty 活動時，每家麥當勞店門口大排長龍的盛況嗎？還記得 Nike 球鞋推出「喬丹」鞋時，許多青少年連夜排隊守候在店門口外，只為了能購買到限量發行的「喬丹」鞋；或是許多青少年男女在演唱會賣票處搭帳棚，徹夜排隊守候，只為了能購買到偶像明星演唱會的門票。有時候還會在電視新聞中看到，許多瘋狂而痴情的影迷、歌迷一路跟隨偶像明星，看到偶像出現時瘋狂推擠、尖叫的場面。而運動比賽活動中更可以看到球迷熱情為自己鍾愛球隊加油的場景，這些熱情的球迷又以青少年居多。

　　上述描寫的情景多半與流行文化有關，流行文化已經成為當代社會生活中的一個重要的社會文化現象。流行文化不僅具有普遍性，而且還具有一般性和滲透性。隨著媒體與大眾傳播的中介，滲透到世界的各個角落，影響著大眾的生活方式與品味。從二十世紀八〇年代以來，各國政府和國家的

重要領導人，都關心並親自參與各種重要的流行時裝表演活動，或是流行的文化藝術活動，可以看出流行文化在現代社會的影響力。青少年次文化的特質之一就是易受大眾傳播的影響，重視同儕的歸屬。因此，流行文化更成為青少年追逐的對象，套一句曾經很紅的綜藝節目主持人在節目中常說的話：「如果你不 xxx，那你就落伍了」。以下分別從幾個面向觀察青少年受流行文化影響，所展現出的特色：

1. 獨具一格的用語

由於網路的日益普及，青少年上網聊天的機會增加，為了便於在網路上快速交談，因而發明出許多有趣的網路用語。手機簡訊也常利用數字表示許多意思，還有許多利用諧音所發展出來的用語，不論是哪一種，青少年們利用這些獨樹一格的用語，展現自己的與眾不同，也成為青少年次文化的一種特色。

試試看，你能否了解下列用語所代表的意思？如果都不知道，就表示你真的落伍了。

「英英美代子」──表示很閒，沒什麼事可做（這是閩南語的諧音）

「外國汽車」──形容一個人長得實在不怎麼樣，甚或形容一個人長得很醜（這是閩南語的諧音）

「洗耳朵」──聽音樂

「洗眼睛」──看電影

「打屁」──聊天

「美眉」──漂亮的小姐

「給你一座五指山」──打你一巴掌

「請你穿 HANG-TEN」──踹你兩腳（HANG-TEN 的標誌是兩個腳丫子）

「利瑪竇幫幫忙」──你也來幫幫忙（閩南語諧音）

「Morning Call」──模擬考

「別 Gay」──別假了（閩南語諧音）

「5201314」──我愛你一生一世

「5871」──我不介意

「886」──拜拜啦

「紅豆泥」──真的嗎（這是日語諧音）

「燒餅」──很騷的女生

「茶包」──麻煩（trouble）

「OIC」──我了解（Oh, I See）

「LKK」──「老扣扣」，形容人年紀大了，跟不上時代

「SPP」──「俗必必」，形容非常俗氣，沒有水準

「BMW」──長舌婦（big mouth woman）

「SDD」──水噹噹（這是閩南語發音的縮寫）

　　除了這些有趣的用語外，也有許多青少年掛在嘴邊的用語，一如前面所提過的「酷斃了」、「帥呆了」、「哇塞」、「瞎掰」等。也有的舊詞新解，讓人不能不噴飯，例如：

　　你好「聰明」啊──沖廁所第一名

　　你好「勇敢」──擁抱電線桿

　　「總統」──總務處的馬桶

　　「天才」──天生的蠢才

　　妳真「賢慧」──閒在家裡什麼也不會

　　透過這些獨特的用法，青少年同儕間有了共同的語言，更有親切感和認同感。

2.偶像崇拜

　　遠古時代人們為了宗教信仰，便以土木、金屬為原料製造而成人偶，作為祭祀膜拜神明之用。後來衍生為對古代之先聖賢達、偉大志士們立言、立功、立德之行為，表示尊敬之意，以作為個人勤勉奮鬥的目標，於是有「偶像崇拜」一詞。現代社會，拜科技進步之賜，資訊傳播無遠弗屆，外來文化藉由傳播媒體大量傳入，喜好新奇的青少年得以模仿與學習其所崇拜的對象和機會隨之增加。透過將自己假想為對方，藉以滿足心理需求，從而形成個人之價值觀念。

　　心理學者張春興指出：「青少年偶像崇拜」是青少年次文化的一環，而「偶像崇拜」的概念是由「認同」理論中發展出來的，在心理學中和「偶像崇拜」一詞相近的意義為「認同人物」（identification figure）或「英雄崇拜」（hero worship），所以偶像崇拜可說是一種認同他人的表現。根據艾瑞克森（Erikson）的認同發展危機論（theory of developmental crisis）中八個人格發展的階段來看，青少年會經由社會團體（如家庭、同儕、師長）對自己的評價和態度來反觀自我、

評價自我，形成對自我的觀點。因此會從尋求他人的認同行為上，來肯定自己，所以青少年模仿崇拜的對象，從早期認同父母親，隨著年齡的增長，接觸的環境改變、擴大，而逐漸將楷模、學習、認同的對象，擴展到如教師、長輩，或電視及電影中的歌星與明星、表現傑出的運動選手、歷史故事或漫畫中的英雄人物等。

　　近年來，透過大量輸入的外國影片和電視節目，青少年崇拜的偶像有逐漸國際化的趨勢。知名的歌手、明星如小甜甜布蘭妮、阿姆、聯合公園、湯姆·克魯斯、妮可·基嫚等；知名的運動員如美國NBA球員，喬丹、姚明、埃佛森，或是足球金童貝克漢，他們幾乎成為世界各國青少年崇拜的對象。在國內，青少年們也有他們喜愛和崇拜的偶像，演藝人員中F4、SHE、5566、動力火車等團體，或是金城武、王力宏、張惠妹、蔡依林等都是青少年追星的對象。運動員中許多職棒明星或職籃明星也都各有不同的擁護者，每到比賽時，總會在場邊看到許多熱情的球迷，為自己喜愛的球隊或球員加油，甚至購買各種相關的紀念產品。二〇〇四年奧運會中為我國奪得金牌的跆拳道選手，也成為年輕人的新偶像。

　　青少年藉由偶像崇拜，進行身分認同。許多時候青少年會努力模仿他所心儀對象的穿著打扮、行為模式，甚至價值觀念。這正說明了為什麼政府會請成龍來拍鼓勵青少年拒絕吸菸或拒絕吸食毒品的宣傳影片。此外，學業受挫的學生，也可能藉由崇拜影視明星來抒發挫折感，尋找心靈寄託。

3.流行風

隨著資訊交流的加速，文化交流的頻繁，許多外來文化逐漸成為我們生活的一部分。滿街可以看到許多不同國家的食物和餐廳，從麥當勞、肯德基、壽司、拉麵，到披薩、沙爹、涮涮鍋、韓式烤肉等不一而足。這些充滿異國風味的食物深受青少年的歡迎，尤其是美式速食，挾著美國文化的優勢，一進入台灣即獲得廣大青少年消費族群的青睞，窗明几淨的店面、透明可見的製作過程、過時即不再販售的銷售策略，以及點一杯飲料就可以坐在店中聊天或看書的開放作風，在在吸引青少年族群光顧。

與美國同步播出的電視影集或電影、日本與韓國最受歡迎的連續劇，以及劇中人物的穿著打扮或台詞，不但深受青少年歡迎，甚至許多粉領族、上班族也都以這些影視人物的流行時尚作為追逐的目標。一片哈日、哈韓的流行風在台灣各地吹起，台北市西門町儼然是東京新宿的翻版，也成為青少年假日聚集的好場所，許多歌星的簽唱會、街舞的表演、同人誌等活動均在西門町舉行，每每吸引大量青少年駐足。

日本流行的漫畫也成為青少年最喜歡的讀物，由漫畫改編繪製成的卡通影片如《名偵探柯南》、《金田一少年事件簿》、《城市獵人》、《遊戲王》、《棋靈王》等均有很高的收視率，有時也成為青少年學生茶餘飯後談話的焦點。

這一股隨著商品文化興起的流行風，對於青少年次文化具有深刻的影響。例如在日本流行的 101 辣妹以及援助交際，

也隨著流行風吹進台灣，對於青少年的行為和價值觀造成不小的影響。

4.特立獨行的裝扮

為了凸顯自己的特色和與眾不同，青少年在服裝打扮上常有出人意表之舉，受到全球化的影響，更有全球同步的趨勢。每一代的青少年在穿著打扮上也有不同，就彷彿成人世界的流行服裝經常變化一般，青少年的流行服飾也經常改變。幾年前男孩子還流行留長髮，現在則流行貝克漢式的短髮。各種顏色的染髮或挑染，也成為青少年展現自我特色的方式之一。穿耳洞，在舌頭上、肚臍上戴鋼珠，在手臂或身上紋刺各種花紋圖案，均成為一種時髦的象徵。昔日緊身的牛仔褲、AB褲，已經被寬鬆的垮褲所取代，再過些時候不知又要流行何種特立獨行的裝扮？

其實，青少年在追求不同於成人世界而具特立獨行風格的服飾時，仍然和成人一樣擺脫不掉流行商品文化的影響。只不過成人有屬於他們的服飾打扮，而青少年則有屬於青少年特有的服飾風格，以別於成人世界。

四、青少年的價值觀

價值是一個人所表示之喜好傾向，會影響個人行動目標與手段的選擇。

價值的主要功能是「作為一個人行事的準則」、「表示

自己的需要」和「作為解決衝突及形成決定的通則」。一個人的價值體系乃是由許多價值項目組合而成，這些不同的價值項目有著先後順序，每一個人的先後順序可能不同，可以視為是一個人特有的心理結構。人的想法和反應受自己心理價值系統的結構所引導，作出自己認為合宜的反應。

價值觀的形成，除了受個人獨有的知、情、意經驗的影響外，更重要的是在社會化的過程中，個人會將社會的或是他人的價值內化成自己的價值觀，逐漸變成自己人格結構的一部分，而成為引導自己行為的規範。社會化的過程相當漫長，個人初成長時主要受父母家人的影響，隨著年齡的增加到了青少年時期，同儕的影響力增加。在這段時間裡，青少年相當在意別人對自己的看法，希望透過和友伴之間的互動，提升他人對自己的評價，而青少年自己也在這些別人的觀點中，定義自己、評價自己。

台灣在近幾十年來受到西方現代化影響的社會化過程中，傳統的性格與行為，逐漸轉變為現代化的性格與行為。一般國人的行為已經表現出個我取向、平權性格、內控態度、支配自然、未來取向、行動成就、獨立心態、容忍奇異、普遍主義、信任外人等現代化的行為取向。一些學者專家針對台灣地區青少年的價值觀進行研究，發現隨著台灣工商業社會的發展，青少年的價值觀由重視社會價值和道德價值，演變為重視個人價值和能力價值。都市青少年的價值觀也有下列幾個趨勢：

1.在日常生活中更重視娛樂傳播取向，顯得較具功利性。

2.與有意義他人的關係較為輕鬆而親近。

3.對本身的態度較以前積極。

4.對異性的關係上，觀念較以前開放。

5.敬老精神較為淡薄。

6.師生之間的關係較為疏遠。

現代青少年受到外來文化影響的速度和程度，遠大於其父母輩，同時經濟的快速發展，使得現代人在物質生活層面的享受也較其父母輩更為豐富。因此，青少年的金錢觀和其父母輩的觀點有很大的不同，許多年輕人成為「月光族」，每個月的薪水或零用錢都花光光。為了外在的裝扮，願意花費大量金錢，追求名牌也成為時下年輕人的生活哲學。甚至有部分年輕女孩模仿來自日本的援助交際，為了滿足自己的物質享受而願意進行援交。而金融機構不斷推出的現金卡也多以青年人為對象，在這樣的社會價值觀之下，青少年以及年輕人成為月光族，似乎不足為奇。

由於生活型態的改變，過去早睡早起的生活方式，已經變的相當多元，有些人晚睡晚起、有的晚睡早起、甚至有人為了打電動玩具可以廢寢忘食。性觀念與性態度受到西方社會的影響，逐漸開放，網路援交，或是網路一夜情也成為時髦的玩意，這些成人社會價值觀的轉變，也深刻的影響青少年的價值觀。

五、結語

　　青少年是人生必經的一個階段，每一個為人父母和師長者其實也都曾經歷此一多采多姿的人生階段，只是隨著年齡的增長、隨著身分的轉換，成人們忘了自己曾經有過的年少輕狂，總是希望青少年們能接受成年人的想法。面對這些希望父母師長將自己看成是一個成熟個體的青少年時，我們應該了解到青少年次文化所反映出來的青少年心理為何？其實，青少年非常需要自尊與自信，渴望爭取獨立，希望對自己的身體能有主控的能力，更期盼著歸屬感以及認同感，希望能得到別人真切的關懷。因此，面對這些青少年時，應該先從青少年需要的角度，理解青少年次文化產生的原因及其特色。細心觀察青少年崇拜的偶像及青少年使用的特殊用語，了解青少年對時間的支配和運用的情形，進一步認清青少年次文化的特質，並能參與青少年的活動，從同理的角度出發，而不是一味的排拒和指責。

　　其實，社會中不同性別、不同職業、不同社經地位和不同年齡的人，都會發展出屬於自己這個團體特有的次文化，他們一方面和社會中主流文化有其共同的地方，一方面也有屬於該團體特有的文化特色，這是任何一個社會都會有的現象。

　　面對這些渴望獲得成人世界中的大人們以成人相待的青少年，成年人應以更尊重的態度相待。而青少年在期盼著成

人們以尊重、理解的方式相對待時，自己也應該試著去了解成人們的想法，並學會真誠的和父母師長溝通。

參考書目

呂民璿（1990）。青少年社會參與及社會適應。台北：巨流。

高強華（1997）。了解青少年次文化。中等教育，48 期，頁101～105。

張志彰（1992）。淺談青少年次文化。學生輔導通訊，20 期，頁4～11。

張景然（1992）。青少年次文化及其病相之探討。學生輔導通訊，20 期，頁12～17。

張德聰（1997）。從青少年次及文化談校園危機處理。教育資料與研究，14 期，頁37～52。

陳奎熹（1996）。青少年次文化的社會學分析。台灣教育，546 期，頁101～105。

彭駕騂（1988）。青少年問題探究。台北：巨流。

黃俊傑、吳素倩（1988）。都市青少年的價值觀。台北：巨流。

黃德詳（2000）。青少年發展與輔導。台北：五南。

葉至誠（1997）。退變的社會──社會變遷的理論與現況。台北：洪葉文化。

第八章

結　語

　　由本書前面各章的介紹，我們即可以發現：原來台灣有這麼多元、這麼豐富的文化風貌。我們有不同的族群，每個族群都擁有生動、精緻的文化內涵。我們已經逐漸能肯認、尊重不同的性別，使他（她）們都可以恢復自信、發揮所長。我們也擁有各種宗教信仰，不同的宗教信仰都以不同的方式去解救人類的痛苦與罪惡，幫助人們打開智慧的窗口，激發人類慈悲的善心，實踐慈愛、奉獻的善行。台灣雖小，卻也擁有各地方的鄉土文化，這是我們的同胞用心把傳統文化加以傳承或創新的成果。至於青少年次文化，則是年輕朋友們學習和創新的表現，充分展現了年輕人的創意和活力！不過，無可諱言地說，在過去的歲月裡，我們曾經忽視甚至歧視某些面向的文化，也相當程度地造成社會的不公，即使到現在，這些情形也尚未完全矯正過來，這是值得吾人深省乃至付諸行動來加以改善的！

　　以族群來說，所謂「本省人」和「外省人」原本大多是漢族，卻由於二二八事件和往後的諸多因素，造成了相互的對立，至今仍然相互貼標、相互對罵！其實，我們彼此都是站在同一條船上的人，命運既已相同，何苦再拿放大鏡來互挑毛病？無窮無盡的相爭相鬥，只有鬧得大家一起翻船罷了！如果從多元文化主義的觀點來看，應該可以把政治與文化分開。在政治上，大家透過溝通的方式，尋求共識，或許可以先承認現在的中華民國，再默默地、務實地追求未來的台灣獨立；在文化上，則不管中華文化、閩南文化、客家文化或原住民文化，都有它的價值，都應該加以尊重，不能刻意地

排拒或詆譭。惟有這樣，才可能建立一個健康、和諧的社會。

尤其對原住民族來說，我們過去所採取的同化政策和歧視態度，已經嚴重地傷害了原住民的自尊自信與自主性，也使得原住民的土地大量流失、文化大幅消亡，造成社會的不公不義，如今當然須要立即地、全面地扭正！在過去，政府大都以「文化匱乏理論」（Cultural Deprivation Theory）的觀點去對待原住民，認為原住民之所以表現不如漢人，是因為原住民沒有漢人所擁有的那種文化背景與支持，例如漢人會流利地使用中文、家庭經濟較佳、父母重視子女教育、崇尚勤勞節儉……等等，所以如果要協助原住民順利進入主流社會，就應改善他們的家庭經濟，改變他們的工作觀與金錢觀，協助其子女進行課業輔導，乃至升學優惠等等。但這些政策的用意雖佳，結果卻只不過是使原住民「同化」為主流社會之一員而已。晚近政府則兼採「文化差異理論」（Cultural Difference Theory），即承認原住民的文化差異，所以協助他們進行「母語教學」，以保存其母語，協助其進行傳統歌舞、祭典、手工藝品之傳承與創新，以保持族群文化；在教育上則改革相關課程教材，把原住民的歷史、文化適度納入其中，並要求在教學活動中儘量顧及原住民的需求。這樣的做法，才更符合多元文化主義的精神。

再以性別來說，過去台灣的社會，也是「男尊女卑」的社會，婦女不僅無法跟男人平起平地，甚至只是男人的財產和工具。由於整個國家機器、公權力乃至重要社會資源都操控在男性手中，所以整個典章制度、社會規範都是從男性的

角度來建立的，很自然地就會對女性造成不公。例如我國過去的民法等相關法律，即規定妻以夫之居所為居所；父母雙方對子女行使監護權而意見不一致時，以父親的意思為準；夫妻結婚後的財產，由夫管理；此外，婦女的財產繼承權、工作權，也經常受到歧視。所幸這些不平等的待遇，透過婦女運動的爭取，目前無論在法律上或社會規範上都有了很明顯的改善，這是台灣社會進步的象徵！

事實上，女性與男性之間，除了身體的結構有些不同，心理的特質也有差異外，其他在智力、能力、可能的貢獻各方面，與男性並無不同，因此同樣身為人類，同樣作為一個自然人，男女當然應該是平等的。如果能夠把長期以來社會結構的不公平加以解構，則女性亦可像男性一樣，對社會發揮貢獻。

不過，作為女性，她們的確也具有與男性不同之特質。例如在人際互動方面，女性溫柔婉約的特質，經常比剛硬魯莽更容易化解人與人之間的衝突；在生活方式方面，女性也比男性更能注重分享、浪漫、家庭價值與品味；在人格特質方面，女性也似乎更能表現出務實、堅忍、細心、周到的特質。因此，整個社會如果能尊重這些「差異」，當能與男性的特質交互輝映。當然，我們不是說男性就應該表現剛毅堅強，女性就一定得溫柔婉約；男應該志在四方，女性就得照顧家庭，這正好是「性別刻板印象」的一環。我們要強調的是，女性可以具備若干男性的特質，男性也可以具有一些女性的特色，這才是真正健康的人！

　　此外，還有一部分的人，可能是中性或雙性的，也有可能是同性戀者或雙性戀者，這並不表示他們「性別錯亂」，而是第三種甚至第四種性別的選擇，只是由於過去我們對他們的認識太少，才造成嚴重的偏見與歧視。事實上，這種第三、第四性別的人，自古以來就有（即所謂有「斷袖之癖」的人），只是我們誤以為他們「有病」、「心理不正常」，才故意疏離他們，隱蔽他們的存在而已！今天對於這些人，無論他們是由於先天的遺傳或後天的環境使然，我們都應尊重他們的選擇。畢竟他們的性別取向雖然與多數人不同，卻也沒有為社會帶來更多的危害，而他們對於社會的貢獻，也不下於任何人！

　　再以宗教來說，台灣是一個多元宗教的社會，從外來的天主教、基督教，到本土的佛教、道教、一貫道，乃至民間信仰等等，可謂多元並立，各顯「神」通。過去我們雖然沒有宗教戰爭，但卻有宗教偏見，例如有些人會把基督教、天主教當作洋教，認為他們不重視中華傳統文化、倫理道德，因此把受洗信教者說成「落教」。反過來說，也有些人會認為佛教、道教、一貫道等是迷信、是偶像崇拜，甚至是怪力神等等。因此，每當異教徒之間（例如基督徒與道教徒，或一貫道教徒與天主教教徒之間）遇有嫁娶時，可能就會發生一些宗教方面的爭執，婚後甚至衍生為家庭的糾紛。

　　其實，很多宗教上的偏見，是明顯有破綻的，例如基督教、天主教雖然不可能把儒家思想列入教義中，但他們當然還是很重視人與人之間的倫理道德，只是論述的方式不同而

已！同樣的，如果佛教徒禮佛、道教徒燒香跪拜是迷信，是偶像崇拜，那基督徒、天主教徒在教堂中證道、跪禱，又如何呢？彼此都談「神蹟」，為什麼你談就是迷信而我談就不是呢？

進一步來說，其實各種宗教大體上都是對人類、對社會有幫助的。基督教、天主教主張信、望、愛，講究恩典，強調戒律，鼓勵奉獻；佛教主張慈悲、強調領悟、智慧，主張自主自在、平靜穩定、無我勿執；道教主張人與天地自然的和諧，強調見素抱樸、少私寡欲，入世救苦；一貫道也主張慈悲、養生、行善。可見每個宗教都是要幫助人類化解心中的苦悶、安定內心的恐懼，走出無助與固執的心扉，邁向慈愛、和諧、喜樂的世界。儘管他們的論述方式不同、運用的方法有異，但其功能、目標是相似的！人類何苦為了這些不同的論述、方法，而大打出手，乃至捨棄了慈愛、和諧、喜樂這些崇高的目標呢！如果硬是要堅持「我的教派才是正宗的教派，別人的都是邪教」，那只不過是「非我族異，其心必異」的偏狹心態罷了！

至於鄉土方面，經過社區總體營造的風潮後，台灣各地都發展出風味不同的鄉土文化，使台灣本土文化的發展，呈現一片蓬勃之勢，也使得國人在休閒旅遊時，有了更多的去處，而且都可以享受各種內涵的文化薰陶。除了前面所提及的個案外，各縣市還有很多值得欣賞的鄉土文化，例如台北縣的淡水老街，不但有馬偕醫師故居、淡江中學、真理大學、紅毛城等歷史古蹟，可以串成淡水的歷史故事，而且淡江大

學的古典校園風光、淡水夕照美景,以及漁人碼頭的幽雅港口景觀等等,也共同構築了小漁港之美。台北縣三芝的陶瓷藝術、山頂茶館、醬菜和布袋戲等,也常令遊客流連忘返。

　　宜蘭五結鄉的二結社區,曾以千人合力移動王公廟而聞名全台,該社區的傳統建築研究、舞龍舞獅表演、北管、民族舞蹈等,均展現了它對傳統文化的堅持。礁溪玉田社區的習武弄獅,也發展出了「弄獅文化」,包括吊飾、項鍊、玩偶、雕塑等手工藝品不斷產出,表現出居民的文化創意!

　　桃園縣的大溪老街(和平街),不但保存了古老的巴洛克式建築,而且也有木雕和傳統美食,如果再加上附近的花園休閒農場和慈湖,確是民眾休閒旅遊的好去處。南投縣埔里的紙工藝、龍南天然漆博物館、牛耳石藝公園、木生昆蟲博物館等等,共同構成一套知性和感性的鄉土文化,如果再加上酒文化館和花園農場,則更增添幾分浪漫。

　　嘉義縣的新港社區,以空間(大興街)的美化成名,加上後來發展出來的與寺廟建築有關的藝術活動,也相當具有特色。另外,嘉義市的美街(成仁街)是許多台灣畫家、詩人、雕塑家住過的地方,充滿了人文藝術氣息,經社區總體營造後,已成為具有許多畫院、詩社、裱褙店的美術街,再加上經常舉辦的文藝季,更成為全台知名的文化展演場所。至於高雄縣的美濃,是油紙傘手工藝的發源地,也是黃蝶的故鄉,近年來整理出來的菸草樓和復古的客家傳統服裝,頗能彰顯當年客家居民的生活。凡此種種鄉土文化,可謂不勝枚舉,這都是台灣本土文化的寶藏。

　　當然，我們要關懷本土文化，珍惜本土文化，不過，也盼望著本土文化能夠日趨豐富而精緻。另一方面，我們也要放眼世界，開展心胸，不能敝帚自珍，不能自甘為坎井之蛙。因此，我們在珍惜本土文化之餘，更應該把這些精緻的本土文化推向國際，讓世人分享我們的成果，像林懷民的雲門舞集、楊惠珊的琉璃工藝、蘭陽舞蹈團、原舞者等等，都屢屢出國演出，而獲得國際人士的高度讚譽。另一方面，也要把國際知名的文化藝術團體引進國內展演，以與本土文化做一交流，例如宜蘭的國際童玩節、苗栗的國際面具節、新竹的國際玻璃藝術節、屏東墾丁的國際風鈴節等等，都是很有意義的文化活動。

　　最後，在不同的年齡層方面，當然也有各自不同的次文化，其中以青少年次文化最具特色。無論是他們的特殊裝扮、特殊用語、流行風、價值觀或行為模式等等，都有別於中、老年人，甚至被視為特立獨行的怪異行為。不過，俗語說「人不輕狂枉少年」，即使青少年的服飾裝扮、行為舉止、興趣嗜好比較怪異，只要不傷害自己與別人，又何妨以欣賞的角度來看待呢？更何況，青少年們也許在心理適應、為人處世方面尚未完全成熟，但他們的狂熱心、冒險精神、吸收新知的能力和創意等等，則恐怕是中、老年人所不及的。因此，對於青少年次文化的存在，也就不必那麼大驚小怪了！

　　總之，多元文化主義是當今面對不同文化時較為健康、妥當的態度，也較能促成不同族群、不同性別、不同宗教、不同地域、不同年齡層、不同階層等等各種群體間的和諧相

處，因此值得吾人大力提倡。當然，也有人質疑多元文化主義會不會導致社會的多元紛歧？這一點當然不能說絕無可能，不過，如果加上公民社會的營造，則疑慮或可消除。因為在公民社會裡，強調每個公民的自主性和積極參與公共事務，強調透過充分的管道與機會，彼此進行理性的溝通，以尋求共識，然後大家攜手共同去實踐這些共識。如果真能這樣，那多元紛歧乃至社會分裂應不致發生的！

國家圖書館出版品預行編目資料

台灣的多元文化／洪泉湖 等著.
—初版.—臺北市：五南,2005 [民94]
面；　公分
含參考書目
ISBN 978-957-11-3912-8（平裝）
1.台灣－文化
541.262　　　　　　　　94003114

1JAM

台灣的多元文化

作　　者－洪泉湖 等

發 行 人－楊榮川

總 編 輯－王翠華

主　　編－陳姿穎

出 版 者－五南圖書出版股份有限公司

地　　址：106台北市大安區和平東路二段339號4樓

電　　話：(02)2705-5066　傳　　真：(02)2706-6100

網　　址：http://www.wunan.com.tw

電子郵件：wunan@wunan.com.tw

劃撥帳號：01068953

戶　　名：五南圖書出版股份有限公司

台中市駐區辦公室/台中市中區中山路6號

電　　話：(04)2223-0891　傳　　真：(04)2223-3549

高雄市駐區辦公室/高雄市新興區中山一路290號

電　　話：(07)2358-702　傳　　真：(07)2350-236

法律顧問　林勝安律師事務所　林勝安律師

出版日期　2005年3月初版一刷
　　　　　2015年6月初版七刷

定　　價　新臺幣340元